新华保险制式培训教材

职场基本功

ZHICHANG JIBENGONG

万 峰 主编

中国金融出版社

责任编辑：任　娟
责任校对：李俊英
责任印制：程　颖

图书在版编目(CIP)数据

职场基本功（Zhichang Jibengong）/万峰主编. —北京：中国金融出版社，2018.11

ISBN 978-7-5049-9827-9

I.①职…II.①万… III.①公文—写作—基本知识 ②办公自动化—应用软件—基本知识　IV.①H152.3　②TP317.1

中国版本图书馆CIP数据核字（2018）第244201号

出版
发行　中国金融出版社

社址　北京市丰台区益泽路2号
市场开发部　（010）63266347，63805472，63439533（传真）
网上书店　http://www.chinafph.com
　　　　　（010）63286832，63365686（传真）
读者服务部　（010）66070833，62568380
邮编　100071
经销　新华书店
印刷　保利达印务有限公司
尺寸　169毫米×239毫米
印张　15.25
字数　230千
版次　2018年11月第1版
印次　2018年11月第1次印刷
定价　35.00元
ISBN 978-7-5049-9827-9
如出现印装错误本社负责调换　联系电话(010) 63263947

序 言 Preface

中国特色社会主义已经进入新时代。站在新时代的入口，"保险姓保""回归本原"以及为社会提供风险管理服务成为中国寿险业的必然选择与发展方向。充分发挥自身分散风险、补偿损失和积蓄基金的优势，通过市场化风险管理机制和高质量的发展，在养老、健康、医疗等领域顺势而为，谋民生之利、解民生之忧、保障民生福祉，这既是新时代赋予中国寿险业的重大使命，也是新时代为中国寿险业发展创造的难得机遇。

新华保险近年来聚焦高质量发展，全力推进实施转型战略，通过两年的努力，初步完成转型任务，可持续发展能力大大加强。在这个过程中，我们深刻地体会到高质量发展需要高素质的人才。在"回归本原"和实现高质量发展的客观要求下，我们必须不断提升员工和销售队伍的专业技能和综合素质，坚持把教育培训放在优先发展的战略位置。强司先强教。教育培训不仅是寿险公司高质量发展的核心要素，也是公司增长动能转换的核心动力，更是公司赢得市场竞争的核心优势。

高质量发展要求寿险公司的教育培训，不能是"师傅带徒弟的作坊式培训"，也不能是"战地医院式的补救式培训"，而应该是制度、教材、讲师、实施"四位一体"的正规化、专业化、系统化的教育培训体系。其中，制度是开展教育培训工作的基本前提，教材是教育培训内容的重要载体，讲师是教育培训工作的具体承担者，实施是教育培训工作的落脚点和实现教育培训目标的关键。

为此，我们在2017年"搭架构、建制度"的基础上，2018年开始着手开发一套具有新华特色，符合公司需要，体现科学性、针对性和实用性的制式培训教材。本套培训教材，围绕公司人才培养目标，立足公司教育培训实际，以公司员工和销售人员岗位能力建设为核心，涵盖公司员工和销售队伍所应该具备的公共知识和基本专业技能，强化案例与情境模拟，丰富知识呈现形式，是一套与公司战略和业务发展相匹配的具有新华特色的制式培训教材。

尽管本套培训教材还有诸多需要完善之处，但我认为这是一个良好的开端。希望本套培训教材的出版能够在公司现代教育培训体系中发挥积极、重要的作用，也衷心希望本套培训教材能够对行业和关心保险业的人士有所帮助。

万　峰

2018年9月10日

目 录 Contents

第一章 有效表达

第一节 有效表达的内涵
一、有效表达的定义　/ 2
二、有效表达的作用　/ 3
三、有效表达的准则　/ 4

第二节 有效表达的逻辑
一、表达逻辑的原理　/ 6
二、自上而下的表达逻辑构建　/ 7
三、自下而上的表达逻辑构建　/ 11
四、横向的表达逻辑构建　/ 13

第三节 有效表达的技巧
一、有效表达的基本要求　/ 20
二、有效表达的语言艺术　/ 24

本章思考题　/ 33

第二章 公文写作

第一节 公文写作概述

一、公文的基本知识　/ 36

二、公文写作的语言要求　/ 40

三、公文写作的基本规范　/ 43

第二节 常用公文写作要点与范例

一、通知　/ 53

二、请示　/ 58

三、批复　/ 62

四、报告　/ 65

五、函　/ 69

六、纪要　/ 73

七、决定　/ 76

八、公告　/ 82

九、通告　/ 86

十、通报　/ 89

十一、意见　/ 94

第三节 公文写作的相关知识

一、语法基础知识　/ 97

二、公文中的标点符号和数字用法　/ 113

本章思考题　/ 126

第三章 办公软件应用

第一节 Office 2016 简介

一、Office 2016 组件介绍　　/ 128

二、Office 2016 的应用范围与要求　　/ 129

第二节 Word 办公应用

一、Word 操作基础　　/ 134

二、Word 图片与表格　　/ 141

三、Word 文档排版　　/ 143

第三节 Excel 办公应用

一、Excel 操作基础　　/ 148

二、Excel 数据处理与分析图表　　/ 154

三、Excel 公式及函数应用　　/ 166

第四节 PPT 办公应用

一、PPT 操作基础　　/ 180

二、PPT 设计与美化　　/ 187

三、PPT 特效与动画　　/ 193

四、幻灯片放映　　/ 198

第五节　高效办公

一、打印设置　　/ 202

二、Office 组件间的协作　　/ 207

本章思考题　　/ 215

附录：Word、PPT、Excel
　　　　实用快捷键　　/ 216

参考文献　　/ 232

后记　　/ 234

第一章　有效表达

　　在与人沟通时，为了能向对方准确传递信息，使对方准确解读信息，从而达到有效沟通的目的，就需要做到有效表达；如果不能有效表达，则可能造成沟通障碍，甚至引起对方的误解。那么，如何有效表达呢？本章将从实际应用出发，阐明表达的内涵，然后通过金字塔原理构建表达的逻辑，以鲜活有趣的案例来阐述有效表达的方法与技巧。

通过本章学习将帮助你

了解有效表达的含义与作用

掌握构建有效的表达逻辑的知识

学习使表达更加有效的语言技巧

第一节
有效表达的内涵

一、有效表达的定义

"表达"的"表"是指传递自己的思想和感情,"达"则是指对方能清楚知道你的思想和感情。因此,简单地讲,表达就是将思维所得的成果用语言、语音、语调、表情、行为等方式反映出来的一种行为。表达以交际、传播为目的,以物、事、情、理为内容,以语言为工具,以听者、对方为接收对象。

表达,既简单又深奥。说它简单,是因为我们每天都在说话,都在有意无意地进行表达。说它深奥,是因为表达的内容林林总总,表达的形式千变万化,表达的对象各不相同,绝不仅仅像日常说话那么简单,而是一种技巧、一种学问、一门艺术。

人们每天都在说话,都在表达,然而并不是人人都懂得表达。有的人明明内心有一套完整的看待事物、解决问题的方案,但是一经口语表达,就语无伦次、颠三倒四、词不达意、不知所云;有的人伶牙俐齿,一张嘴便滔滔不绝,然而表达效果甚微,听者也不以为然,甚至心生反感。

究其原因,是表达不得其法、不得要领,也就是未能掌握有效表达的窍门。只有以精准的方式、用精准的语言、向精准的对象表达,才是有效的表达,才是成功的表达。

有效表达以能让双方都彼此明白为最终目的。每一个人性格不同，处理问题的方式、表达方式不同，接受问题的方式也不同。在与人交往的过程中，要想做到善于了解对方性格，能够通过简单的接洽达到初步了解的目的，往往就需要进行有效的沟通，做到善于"表"、注重"达"。沟通的过程就是这样简单。

二、有效表达的作用

在当今这个高速发展的信息时代，随着传播手段的日益现代化、社会竞争的日趋激烈、人与人之间关系和交往的密切，在社会生活的各个领域，表达能力都起着举足轻重的作用。交际、恋爱、谋职、合作、讨论、说服、请示汇报、推销、管理、演讲、谈判、辩论都依赖于表达。

在各种各样的人际交往中，会说话的人将会非常地受欢迎，能轻松地与他人融洽相处，在社会交往中如鱼得水。会说话常常会给一个人带来美好的人生，也是一生的财富。我们不仅要有新的思想和见解，还要在别人面前很好地表达出来；不仅要用自己的行为对社会做贡献，还要用自己的语言去感染、说服别人。

许多初入职场的年轻人往往会犯一个错误——轻视表达，总是下意识地认为自己对某个问题已经想清楚了，自己已经知道怎办了，就不需要表达出来，或者不需要表达清楚，别人就应该知道自己的想法，总之自己不需要"废话"。因此，他们平时都把重点放在自己思考、自己准备、自己钻研等方面，而忽略了在人际沟通上也应该花一定的时间。表达最重要的功能就在于促进沟通与相互理解，如果你只是自己想好了，而不努力表达清楚，凭什么让别人知道你的想法呢？

一位名叫亚诺·本奈的小说家曾说："日常生活中大部分的摩擦冲突都起因于恼人的声音、语调以及不良的谈吐习惯。"谈吐的缺陷、表达的失误可能导致个人事业的挫折、职业的不顺，可能导致夫妻的情感不和乃至人际关系的紧张恶化。要想改变这种不如意的局面，就要注重提高自己的谈吐水平和表达能力，锤炼语言，斟酌措辞，力求字字珠玑、句句精当，将每句话都表达得精准到位、精妙传神。

因此，对职场新人来说，需要切实提高对有效表达的重视程度，花精力去提高自己的表达能力。

三、有效表达的准则

（一）信息应当直接

有效表达的首要条件，是知道什么时候该说什么。有些人知道什么时候需要沟通什么，但害怕这样做；相反，他们试图去暗示，或告诉第三方，希望最终能传到对方耳里。这种拐弯抹角的做法是有风险的，因为你不能想当然地认为别人了解你的所思或所求，暗示常常会被误解或忽视。

（二）信息应当及时

如果害怕沟通，不仅会让表达不够直接，还会让信息的传递发生延误。延误沟通会恶化感受，愤怒可能会郁积在心里，受挫了的需求可能会变成你心里长久的隐痛，没有及时表达的情怀会在日后以微妙的或暗中较劲儿的方式表达出来。有时候，没表达出来的感情像一个胀满的气球，稍稍一刺就会爆炸，倾泻出长期积累的愤怒和不快，这样的大发脾气会使你的家人和朋友疏离你。迅速及时的沟通不仅能及时反馈，使别人知道你的需求并相应调整其行为，更能增加亲密感，与大家分享你现时的反应。即时沟通更令人感动，因而有助于巩固你们的关系。

（三）信息应当清楚

清楚的信息完整而准确地反映了你的思想、情感、需要和观察。你没有遗漏任何东西，也不用含糊或抽象的话来蒙人。有的人不敢说出他们的真实想法。他们说话时使用含糊不清的理论术语，一切都用"感情共鸣"或心理学解释来说明。确保信息清楚有赖于你的意识，你必须知道自己观察到了什么，以及你有怎样的反应。你在外界的所见所闻很容易与内心的所思所感相混淆。要清楚地表达自我，就要花足够的工夫去区分这些要素。

（四）信息应当直率

直率的信息是指说出来的目的与真实沟通的目的是一致的。伪意图和潜台词会破坏亲密关系，因为它们使你处于一个操纵别人而非平等待人的位置。当你的信息能直率地表达出来时，你的真诚实意会打动对方。要做到直率，还意味着你要讲出事实真相，要说明你的真实需求和感受。说谎会切断你和别人的关系，当你为了保护自己而撒谎时，就与直率背道而驰了。

（五）信息应当具有激励性

具有激励性是指让对方能听下去，不至于掉头而去。问问自己："我希望别人怀着戒备心听我讲话，还是准确地把握我的信息？我的目的是贬损别人、抬高自己，还是沟通？"鼓励性的沟通意味着避免玩"输/赢"和"对/错"的游戏。这种游戏的一方或双方都想赢，或者想证明另一方输，而不是"双赢"和理解。你的沟通意图会将你引向预期的结果。真正的沟通导致理解和接近，而"输/赢"游戏制造冲突和疏远，多问自己："我是想赢还是想沟通？我是想证明自己正确还是想互相理解？"如果你发现自己的防范心理很强，总想批评对方的话，那就证明你太在意输赢了。

第二节
有效表达的逻辑

一、表达逻辑的原理

第一节中，我们阐述了有效表达的定义、作用及五大准则，但许多职场新人仍困惑于自己在思考问题时，常常思路混乱，难以从中厘清问题的核心所在；而在表达（包含语言表达和书面表达）时，又往往词不达意，拎不清重点。因此，在工作中总是需要说很多话、做很多事，才可以把自己的意思表达出来。这些现象之所以出现，实际上是表达的逻辑出了问题。

好的表达，立足于良好的表达逻辑。

首先，要让受众感兴趣。受众指的是看你的东西或者听你说话的人。无论是在我们的生活还是工作中，如果我们表达的内容让受众不感兴趣，那么即便我们准备得再好，也会让受众感到厌烦，没有耐心听下去。

其次，条理清晰，重点突出。好的表达完成之后，受众可以感觉到其中有一个清晰的思路，然后找到表达的重点。

最后，容易理解和记忆。根据受众的情况"说人话，接地气"。根据受众需求的特点，说适合于受众的一些内容，这样我们所讲的话，受众就比较好记忆，也比较好理解。因为我们做一次表达通常是为了使别人认同我们的观点，或者使我们的方案有效实施。

如何使我们的表达具有逻辑性？本节将重点介绍美国学者芭芭拉·明托提出的金字塔原理。

金字塔原理的基本结构是：结论先行，以上统下，归类分组，逻辑递进。在表达中，先重点后次要，先总结后具体，先框架后细节，先结论后原因，先结果后过程，先论点后论据。

人脑的认知资源是有限的，特别是在口头表达的过程中，受众的大脑短时间内可利用的认知资源都是有限的，其中一部分认知资源要用于识别解读听到、读到的词句，另一部分则用于找出各种思想之间的关系，剩下的资源则用于理解思想的内涵。

在这种资源的分配方式下，认知资源每上升一个级别，所剩下的资源量就会少上一个量级。如果我们在表达的前两个级别就耗掉了对方的所有精力，那么就基本上很难有人知道我们想要表达的具体内容了。

通过金字塔原理构建逻辑并表达思想，可以减少对方用在前两项活动上的时间，从而使对方用最少的脑力理解你表达的思想。

用金字塔原理构建完整表达逻辑的具体做法包括纵向的自上而下的结论先行、自下而上的概括与总结，以及横向的演绎与归纳。

二、自上而下的表达逻辑构建

（一）什么是结论先行

自上而下的表达，需要结论先行。所谓结论先行，就是在进行表达的时候需要把结论放在前面，也就是要把中心思想放在首位。

在日常沟通和处理事情的时候，我们也应该把结果或最终目标放在前面。例如，在通知同事们更改会议时间的时候，肯定要把最终的会议时间放在最前面说，至于更改时间的原因，或许太多太杂，或许不必进行解释。

（二）为什么要结论先行

结论先行之所以要特别交代，是因为它有违人们平时的思维顺序。仍以更改会议时间这件事为例，一般都是先知道各种各样的更改原因，如领导临时改变时间、会议室使用时间冲突、会议内容没准备好等；然后，才得出需要更改会议时间的结论。因此，平时的思维顺序是因在前、果在后的。既然结论先行是违反思维顺序的，那么为什么要结论先行，先说中心思想呢？

实际工作中经常出现一些复杂、棘手的问题，这些问题的出现、形成原因可能很复杂，同时又需要在短时间内进行决策和处理。这种情况大量存在于各种各样的汇报和会议中，如果问题没有说清楚，就没有办法作出决策，更谈不上有效地执行，从而造成大量的人力和物力等资源的浪费。因此，就实际应用而言，遵守结论先行就是为了解决上述类似问题。

这些问题的出现，其实与大脑记忆和思考的极限有关。乔治·A.米勒博士1956年在《心理学评论》杂志上发表了一篇名为《神奇的数字7 ± 2》的文章。米勒在文章中提出，多数人的短期记忆一次只能记住7个左右的信息模块，有的人能记住9个甚至更多，有的人只能记住5个，当然这些都是少数。同时，米勒也指出，大脑比较容易记住的是3个，当然最容易记住的是1个。这篇文章中提出的观点，至今仍然被广泛引用。米勒的观点基于这样一个实验：给被试验者一组数据（或颜色、声音、气味等），结果发现多数人只能记住7种左右，而且通常是开头和结尾记得比较牢，中间的部分忘得很快。

在日常工作和生活中，人们所要沟通、交流、分享的素材、模块、内容特别多，远远超过在短时间内所能记住的范畴。因此，必须遵循结论先行原则，把结论放在开头说，这样对方才更容易记住你想要表达的主题。

（三）什么时候必须结论先行

结论先行非常重要，但是在日常工作和生活当中，并非时刻需要结论先行。那么，到底什么时候应该结论先行呢？通常，在信息复杂、时间紧迫和受众需要三种情况下，必须结论先行。

1. 信息复杂

关于这一点，上文已经具体论述过了，大脑的记忆是有极限的，如果短时间内信息太多，就很难抓住重点并记住，特别是在口头表达的时候。在阅读的时候，如果没有记住或没有理解，还可以返回去再看，但在口头表达的时候就很难做到这点，而口头表达是平时的工作和生活中最常见的沟通场景。下文将以实际工作、生活中的案例来具体说明。

范例

假设我是项目组主管，需要向领导申请调入一个成熟的设计人员，以保证项目按时完成，这中间有以下一些信息会出现。

（1）客户刚才又来电话询问项目的进展了，这次的设计项目时间紧，压力很大，恐怕下个月完不成，要延期了。

（2）老孙是项目组年龄最大的，和客户也熟悉，但技术水平一般，也经常出些小错，我不放心。

（3）小张是项目经理，经验最多，但刚刚结婚，下周就要休婚假了，也得十多天。

（4）我也问了人力资源部门的工作人员，部门要招的人目前没有合适的候选人，其实即使招到了，在这个项目上也来不及了。

（5）新毕业的小王很努力，但在项目上的经验确实不足。

针对以上信息，应该如何跟领导汇报？

显然，如果把前面的五点信息都先汇报一遍，领导很可能在中途就会打断："你到底想说什么？"所以，必须先跟领导说结果："为保证项目按时完成，能不能再派一个成熟的设计人员来？"然后，再向领导说明原因，这样效果会更好。

2. 时间紧迫

时间紧迫也是基于大脑对记忆和理解的要求。因为记忆和理解的时间有限，受众如果没有充分的时间去记忆和思考，则表达者也没有充分的时间进行诠释。这就需要做到结论先行，省去说明和思考的时间。

📌 **小贴士**

电梯原则

假设你是某个咨询公司的经理。为了一个重要的项目，团队日夜工作了3个月，准备了厚达300页的报告，包括7个建议、36个改进措施和8套详细的实施方案。为了证明这些结论，你们还准备了5份数据分析和调研报告的附录，还有几箩筐的原始资料。

客户对提案也非常重视，安排了公司所有的高管出席，并请到了首席执行官（CEO）和董事会的主要成员，你们又将报告打印成彩色文稿，并刻录了光盘以便发给与会者。

提案当天，你们准时到达客户会议室，做好一切准备工作。CEO和高管们也已经落座，他们将目光投向你，期待着你精彩的报告。你清清嗓子，开口说："女士们、先生们，尊敬的CEO ××先生，今天我们……"

突然，董事会秘书走进办公室，对CEO耳语几句，他对你点头表示歉意后离开会议室。5分钟后，他回来说道："非常抱歉，今天的报告不得不终止，因为我们有一个非常紧急的事情，我必须马上去纽约。"

在你们无奈的眼神中，他们匆忙离开。然而，CEO在进入电梯的那一刻，挡住电梯门，对你招手："能否利用我到停车场的时间，说说你们报告的主要内容？"

就这几分钟，你必须说出报告的主要观点，还要争取他的认可和支持。你感觉血一下子冲上脑门，然而，没有第二次机会了，于是你马上冲进电梯，门一关上，你就转过身对着这一群人说："我们认为……"

这属于时间紧迫的极端情况，也是最经典的例子。在这个时候，你无论是说明报告内容，还是要引起对方兴趣，或是要激发对方思考，都需要高度浓缩，并且把结论放在前面讲，不然在这么短的时间内说些无关紧要的内容，对方根本无法抓住重点。

3. 受众需要

无论通过口头还是书面方式，要想让对方理解所表达的内容，都应该站在对方的角度去思考应该怎么表达。作为听众，是希望对方把十分复杂的情况都交代一遍，却没有明晰的主题或结论，还是希望对方把结果先说清楚，再慢慢交代背景？通常应该是第二种情况。如果你没有结论，而是希望领导给一个结论或决策，那么这个希望就是此刻的主题。

范例 ....

假设一名普通员工敲门进了领导办公室，向领导汇报："××品牌的产品降价了2%，我们的市场占有率下降了，但是销售成本却比以前高了0.5个百分点。"如果仅仅把话说到这里，领导会是什么反应？他可能会想："这个员工到底想要说什么？是让支持降价，还是需要自己调查一下销售成本升高的原因，或者仅仅告知一个现状？"

按照结论先行原则，应该怎么做？应该想好结果或目标是什么，比如需要领导支持降价2%，但是你不确定可不可以。那么，在走进办公室陈述现状前，你应该先告诉领导，今天想请领导确定是否可以让产品售价下降2%。然后，陈述理由：竞争对手的产品降价了2%，直接导致我们的市场占有率下降了，虽然销售成本会上升0.5%，但是你觉得降价势在必行，所以想来征求领导的意见。这样表述之后，领导才会清楚你的需求，而你已经把要陈述的内容都说清楚了。

这个例子其实不但说明了对于受众而言结论先行的必要性，而且体现了结论先行的重要性。

三、自下而上的表达逻辑构建

自上而下的过程，就是先给出观点或结论，然后为了使观点或结论站得住脚，不断收集证据和素材支撑观点的过程。在工作、生活中，还有一种情况，即已有许多素材，需要整理出结论或观点。比如，工作总结就是如此。所以，在进行表达和思考的时候还有第二种构建结构的方法，就是自下而上，这个过程就是概括和总结。

（一）什么是概括和总结

概括是形成概念的一种思维过程和方法，即在思想方面从某些具有相同属性的事物中抽取出本质属性，并将其推广到具有这些属性的一切事物，从而形成关于这类事物的普遍概念。

总结就是指综合一定阶段内的有关情况进行分析研究，得出有指导性的结论。

从概括和总结的定义中不难看出，概括在更大程度上是抽象的过程，总结在更大程度上是精简的过程，但都是由多变少进行提炼的过程。

（二）如何进行概括总结

小学生在学习语文时，经常被要求"分段并概括段意，写出文章的中心思想"，其实这个过程就是自下而上的概括总结的过程。分段实际上是在分类，分类后概括段意，就是对这段文字进行提炼加工，最后概括中心思想——全文的主要内容及写作目的。以上就是概括总结的整个过程，但是其中少了一个环节，即收集信息。因为"分段概括段意"的前提是存在未分段的内容，所以实际上已经给了信息，而在实际生活中，可能很多信息都需要首先进行收集和整理。因此，可以把整个概括总结的过程分作三步，即收集信息、分类整理、概括总结，如图1-1所示。

图1-1　概括总结的过程

第一步，收集信息。通过少量信息，是很难概括总结出一个有价值的结论的，所以在进行概括总结前，需要收集足够多的信息。收集信息是信息得以利用的第一步，此项工作进展是否顺利，直接关系到整个信息管理工作的质量。这里要强调的是，在收集信息前，必须有一个大致的方向和目标，而不能盲目收集。

第二步，分类整理。分类就是以事物的性质、特点、用途等作为区分的标准，将符合同一标准的事物归类，不同的则分开。分类使表面上杂乱无章的世界变得井然有序起来，从而极大地提高认知效率和工作效率。分类的方法有很多，例如可按时间的先后顺序分类、按行业分类、按地区分类等。

第三步，概括总结。概括总结以揭示相关概念、规律、方法的内在联系为目标，运用尽可能简明的形式，对相关知识提纲挈领、加工重组、形成体系，使之由"繁而杂""散而乱"变成"少而精"。概括总结应保证重点突出，力求简明扼要、一目了然。总之，要通过对知识、内容、方法的归纳总结，使零散的内容整体化、有序化、结构化，使之便于理解、便于记忆、便于应用。

在自下而上的总结和概括中，有一点特别重要，就是区分事实和观点，尽量做到所表达的主题句是有事实和观点的。

（三）分清事实和观点

事实就是事情的真实情况，包括事物、事件、事态，即客观存在的一切物体与现象。

观点是观察事物时所处的立场或出发点，是从一定的角度出发，对事物或问题的看法。

例如，一个人说："我觉得今天好热啊！"这就是一个观点陈述，我们不能以"今天才28℃，不热啊"去反驳他。对于说话者来说，28℃可能就已经很热了，因为每个人对温度的感受和标准是不同的。但如果一个人说"今年夏天的温度比去年高多了"，这就涉及事实层面的问题，你可以用两年温度对比的数据作为证据进行反驳。

如果在表达中仅有事实，对方很难知道表达的目的到底是什么，除非表达的目的本身就是陈述事实，让对方来做判断；如果仅有观点，又很难站得住脚，或者不需要进行讨论，但这样仅仅表达观点又是没有意义的。只有事实和观点同时出现，对方才能知道为什么会得出这样的观点，然后可以论述所表达的事实是不是真实存在的，以及这个事实是否能支持观点。

因此，在表达一个主题的时候，应该把事实和观点放在一起说，例如"今天28℃，我觉得很热"。这样对方就能感觉到，表述者不仅表达了一个观点，并且有事实进行佐证，尽管对方可能并不认同你的观点。

四、横向的表达逻辑构建

横向的表达逻辑主要是确定同一级别的思想之间的逻辑关系，这种关系或者是演绎推理，或者是归纳推理。

（一）演绎推理

1. 什么是演绎推理

演绎推理是从一般性的前提出发，通过推导，得出具体陈述或个别结论的过程。

演绎推理的逻辑形式的重要意义在于，它对人的思维保持严密性、一贯性，有不可替代的校正作用。因为演绎推理能够保证推理的有效，原因并不在于它的内容，而在于它的形式。演绎推理最典型、最重要的应用，通常存在于逻辑和数学证明中。

2. 演绎推理的形式

演绎推理有三段论、假言推理、选言推理、关系推理等形式，最常用的是三段论。

三段论是演绎推理中的一种简单推理判断，它体现了由一般到特殊这一演绎推理的主要特点。同时，三段论也是思维的标准结构中横向结构的重要表现，因此，我们在这里进行重点介绍。

三段论又称直言三段论，是传统形式逻辑中的主要内容，也是传统形式逻辑体系中最为严密的部分。现代逻辑就是在这个基础上发展起来的。最著名的三段论是古希腊哲学家苏格拉底所说的"人都会死，苏格拉底是人，所以苏格拉底会死"。

三段论是以包含着一个共同项的两个性质命题为前提，推出一个新的性质命题作为结论的推理形式。例如：

大前提：所有律师都必须有律师资格证书；

小前提：小明是律师；

结论：小明有律师资格证书。

这个典型的三段论就是由两个前提和一个结论组成的，结论常用"因此""所以""因而"等表示。三段论用于判断某一推论是否正确。利用三段论做横向结构可以使得论证更严谨、内容更有说服力。

📌 小贴士

演绎推理的应用

演绎推理是逻辑学中的重要论证方式，所以如果在表达时进行恰当应用，就会产生强大的说服力。

例如，古罗马著名的政治家、演说家西塞罗在公元前70年，因控告总督威勒斯贪赃枉法，名闻政坛。他对威勒斯的控告，虽然篇幅不长，但是内容充实，突出了威勒斯令人发指的罪行，所以最后得以胜诉。

在控告词中，西塞罗急切地呼吁正义，无情地鞭挞丑恶现象，激情澎湃，一气呵成，感人肺腑。他首先义正词严地要求对威勒斯判罪，这是结论先行；接着，对威勒斯的罪证予以表述；最后，指出不判罪的后果，即会扼杀正义，会给共和国招来混乱、屠杀和毁灭。这里包含演绎推理结构。其结构如图1-2所示，这是很典型的演绎推理三段论。

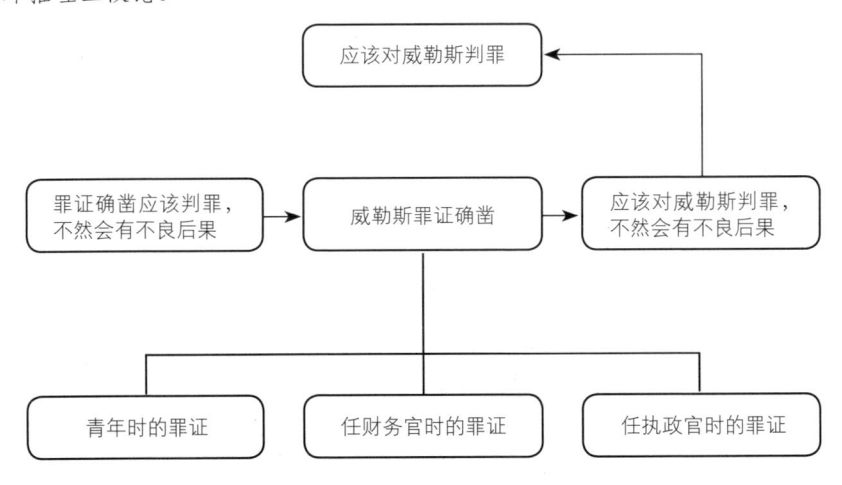

图1-2 西塞罗的演绎推理结构

职场基本功

📌 小贴士

对威勒斯的控告

西塞罗

　　元老们，长期以来流行着一种看法，认为在公开的诉讼中，有钱人不论其罪证如何确凿，也总能安然无事。这种危害你们的制度，而且不利于国家的看法，正待你们行使权力给予驳斥。现在有一个富人在你们面前受审，希图以其财富获得无罪开释；但在一切正直的人心目中，此人的生活和行为已足以构成定罪的理由。我说的是凯伊乌斯·威勒斯，如果不能对他课以应得的刑罚，那不是由于缺乏罪证或检察官，而是因为司法官们不能履行职责。威勒斯年轻时即行为不轨，十分可耻，后在财务官任上继续犯有种种罪行：浪费国家财富，背叛一位执政官并剥夺其财产；抛弃一支军队，使其给养无着；掠夺一个行省，而且蹂躏人民的公民权利与宗教权利。西西里执政官的职务更使他的罪恶勾当达到顶峰，成为永远抹不掉的恶行记录。他所做的各项决定违反了一切法度、一切先例、一切公理。他对劳苦贫民的强取豪夺无法估量。我们最忠实的盟友被他当作仇敌对待。罗马公民被他当作奴隶凌辱处死。最高尚的人被他不经审讯即判为有罪，予以放逐，而最凶残的罪犯则以金钱贿赂得到对其应得惩罚的豁免。

　　现在我要问威勒斯，对这些指控你还有什么话可说？胆敢在意大利海岸举目可见的西西里，将不幸而无辜的公民帕索里乌斯·加维乌斯·柯薛努斯钉在十字架上，使之受辱而死的暴虐的执政官，难道不是你吗？他究竟犯了什么罪？他曾声明将向国家法官上诉，控告你的残酷迫害，因而在他登船回家时即被抓到你的面前，被指控为奸细，受到鞭打和毒刑。虽属徒劳，他仍高呼："我是一个罗马公民！我曾在卢西乌斯·普里蒂乌斯手下服役，他现在在帕诺穆斯，可以证明我的清白！"可是，你对一切抗辩充耳不闻，冷漠无情，依然下令处以这种残酷的刑罚！"我是一个罗马公民！"这话即使在最偏僻的地方也是安全的保障，然而他刚说出这句神圣的话，即被你下令处死，在十字架上钉死！

　　啊，自由！这本是每一个罗马人喜欢听到的声音，这是罗马公民的神圣权利！曾经是神圣的，如今却横遭践踏！果真已经如此严重？一个地位不高的地方官，一个总督，在一个与意大利近在咫尺的罗马行省里执掌着罗马人民赋予的全部权力，难道就可以任意捆绑、鞭笞，以酷刑折磨一个罗马公民，并使之受辱而死吗？难道清白无辜者痛苦的叫喊、旁观者同情的眼泪、罗马共和国的尊严，以及对国家法制的畏惧都不能制止这个自恃财富而冒犯自由的根基、蔑视全人类的冷酷的恶人吗？

能让这个人逃脱惩罚吗？元老们，绝对不能！绝对不能让他逃脱，除非你们愿意毁坏社会安全的根基，扼杀正义，并为共和国招致混乱、屠杀和毁灭！

（二）归纳推理

1. 什么是归纳推理

归纳推理是指以个别或特殊性知识为前提，推出一般性知识的推理。它的结论所断定的知识范围超出了前提所断定的知识范围。因此，归纳推理的前提与结论之间的联系（完全归纳推理除外）具有或然性，即在其前提都是真实的情况下，其结论依然可能是假的。

范例

一个法医对因各种情况溺水而死的人的尸体进行解剖，发现其肺、肝、胃都有"硅藻"反应，由此得出"凡是溺水而死的人，其肺、肝、肾都有'硅藻'反应"的结论。这个结论的得出就是使用了归纳推理，其推理过程为：

王某是溺水而死的，其肺、肝、肾都有"硅藻"反应；
李某是溺水而死的，其肺、肝、肾都有"硅藻"反应；
赵某是溺水而死的，其肺、肝、肾都有"硅藻"反应；
……
所以，凡是溺水而死的人，其肺、肝、肾都有"硅藻"反应。

在这个推理中，前提所反映的是溺水而死的人的部分现象，是个别性知识，而结论所反映的是一般性知识。可见，归纳推理的实质就在于"概括性"。因为归纳推理能从个别到一般，所以归纳推理往往是获取新知、发现真理的手段。同时，归纳推理和演绎推理一样，也是用来说明和论证问题的方法。

2. 归纳推理的应用

归纳推理作为一种推理形式或思维方式，不论在科学研究领域还是在社会生活领域，都具有不可或缺的功用。因为它具有从个别到一般的认识作用，也具有论证的作用。运用归纳推理，可以使横向结构更加完善，而且推理也会更有逻辑，得出的结论更具有说服力。

职场基本功

范例 ....

1941年,震惊世界的珍珠港事件爆发后,美国总统罗斯福发表了题为《一个遗臭万年的日子》的著名演讲。

下面为摘自这个演说的部分演说词:

昨天,1941年12月7日,一个遗臭万年的日子,美利坚合众国遭到了日本帝国海军、空军部队突然和蓄谋的进攻。

……

昨天,日本政府已发动了对马来亚的进攻。

昨夜,日本军队进攻了香港。

昨夜,日本军队进攻了关岛。

昨夜,日本军队进攻了菲律宾群岛。

昨夜,日本人进攻了威克岛。

昨夜,日本人进攻了中途岛。

因此,日本在整个太平洋区域采取了突然的攻势,昨天和今天的事实不言而明。合众国的人民已经形成了自己的见解,并且十分清楚这关系到我们国家的安全和生存本身。

从逻辑上讲,这部分演讲所构成的就是一个归纳推理。

这里,"整个太平洋地区"受到日本进攻,而遭受日本突然进攻的美国夏威夷群岛以及马来亚、香港、关岛、菲律宾群岛、威克岛、中途岛这7个地方加起来就代表整个太平洋地区,所以,在演说词中,由这7个有代表性的地方遭到日本进攻,可以推知整个太平洋地区都遭到了日本的进攻。

在此,罗斯福通过对归纳推理的运用,理智地达到了促使国会在短短30分钟内,就分别在参众两院通过了美国和日本之间存在战争状态的联合决议的目的,显示出了演说中归纳推理的力量。

(三)归纳推理与演绎推理的关系

归纳推理与演绎推理既相互区别又相互联系,它们是辩证统一的。归纳推理与演绎推理的区别主要表现在以下三个方面。

第一,思维进程的方向不同。归纳推理是从个别到一般的推理,而演绎推理是从一般到个别的推理。

第二，结论断定的知识范围不同。归纳推理的结论所断定的知识范围都超出了前提所断定的知识范围，而演绎推理的结论所断定的知识范围没有超出前提所断定的知识范围。

第三，前提与结论间的联系程度不同。归纳推理中前提与结论之间的联系是或然的，即必要条件的关系，前提被结论所蕴含；而在演绎推理中，前提与结论之间的联系是必然的，即充分条件的关系，前提蕴含结论，前提可由结论必然地推出。

归纳推理和演绎推理虽然有区别，但是它们又是相互联系在一起的，是统一的。它们之间的联系主要表现在以下两个方面。

首先，归纳推理的结论为演绎推理提供了前提。演绎推理的一般性知识的大前提，需要借助于归纳推理从具体的经验中概括出来。从这个意义上说，没有归纳推理就没有演绎推理，归纳推理是演绎推理的基础。

其次，演绎推理为归纳推理提供了指导。归纳推理活动的目的、任务和方向是归纳推理过程本身所不能达成和提供的，只能借助于理论思维，依靠人们先前所积累的一般性理论知识的指导，而这本身就是一种演绎推理活动。

正因为归纳推理和演绎推理的关系是辩证统一的，在实际思维过程中，归纳推理和演绎推理应该相互依赖、相互渗透、互为补充。

如果选择以演绎法回答由某个思想引起的疑问，就必须进行三段论式的论述。如果选择以归纳法回答由某个思想引起的疑问，就必须保证该组思想在逻辑上具有共同点，并且可以用同一个名词表示。

逻辑的清晰构建，是有效表达"形神兼备"中的"形"。如果我们在表达的时候合理运用逻辑知识，就会使我们的表达结构清晰，使受众有效地接收到需要接收的信息。

要做到成功的有效表达，只有"形"是不够的，还需要运用表达的技巧，让清晰的表达结构通过好的表达技巧更好地呈现，从而做到"形神兼备"。

第三节
有效表达的技巧

一、有效表达的基本要求

表达前,要构建好表达的逻辑。实际表达时,还要注意做到简明、连贯、得体这三项基本要求。

(一)简明

1. 什么是简明

现代社会里,一切工作、一切活动都要求快节奏、高效率,运用语言也不例外。用语简明,就是达到运用语言高效率的一个基本条件。用语重复啰唆,或者表达的意思不明白,都会影响表达效果。

简明,就是简要、明白。简要,就是用较少的文字,把主要的意思说出来,不重复、不啰唆;明白,是指意思清楚,不会令人费解或误解。"简"反映了量的要求,即说话要尽可能地少,不啰唆重复,不说多余的话;"明"含有效果方面的要求,就是意思表述清晰,使对方能够明白无误地接受。概括起来说,简明就是用尽可能少的语言,传递尽可能多的信息,达到尽可能高的准确度和可理解度。

2. 如何做到表达简明

如何才能做到表达的简明?概括地说,就是不说多余的话,要用尽可能少的语言表达尽可能完整的内容，具体可从三方面入手：第一，不说废话，做到避免重复，会省略，要善于运用代词来指代已经出现的语句；第二，要正确使用词语，忌用那些令人费解的词语，防止误解，避免歧义；第三，要合理安排句子，挑选合适的句式等。

（1）围绕中心，不要旁生枝节。例如，崔金泰、宋广礼在《从甲骨文到缩微图书》中写道："当然，这种重的书使用起来是极不方便的。据说，秦始皇每天批阅的简牍文书有120斤重。西汉的时候，东方朔给汉武帝写了一篇文章，用了3000片竹简，是由两名身强力壮的武士吃力地抬到宫廷里面去的。汉武帝把竹简一片一片地解下来看，足足用了两个月的时间才看完。"

这一段主要说明简牍文书"笨重""不方便"，有前三句就够了。最后一句顺着第三句说下来，但并不能表达全段的中心。

（2）要结合具体的语境，省去不必要的重复。例如，高晓声在《陈奂生上城》中写道：……接到发票，低头一看，陈奂生便像给火钳烫着了手。他认识那几个字，却不肯相信，"多少？"他忍不住问，浑身燥热起来。"五元。""一夜？"他冒汗了。"是一夜五元。"陈奂生的心，忐忑忐忑大跳。"我的天！"他想，"我还怕困掉一顶帽子，谁知竟要两顶！"

陈奂生是一个老实巴交的农民，他上城卖油绳，不小心发高烧，被县委书记发现，送到了县委招待所，这是他第二天醒来后去结账时，与服务员小姐的一段对话。对话的语言非常简单，无论是陈奂生还是服务员，把凡是能省略的成分都省去了，只说出对方想知道的信息。

（3）还要注意适当使用修饰成分，不要滥用。我们常常有一个错觉，以为好的词语用得越多，说出来的话就越美，其实不然。例如："四化"宏图已经展开，不久的将来，出现在我们面前的将是不可想象的光辉灿烂的无限广阔的美好景象。

"不可想象"一般对应不好的后果，这里用来对应"美好景象"不妥，应删去，可以改为"……将是光辉灿烂、无限广阔的美好景象"。后边的三个定语，意思大致相同，放在一起，给人一种造作、堆砌的感觉。至于多余的修饰成分，就更应当避免了。

（4）要尽量选用一些简便的、固定的说法。有些描述性的话或者并列的词语，在语言中已经有了相对固定的说法或者可以用某些词语来代替，就要尽量选用那个现成的说法。

例如：人类自从有历史以来，就同沙漠做斗争。

他们往返一次的机票或火车票费用由聘方支付。

"自从有历史以来"可以换成"有史以来"。"机票或火车票"可以说成"差旅费"，这样既全面，又简明。

汉语是一种非常丰富的语言，它的许多表达形式就是从简明的原则出发而形成的，像成语、简称、紧缩复句、合说、列举分承等。我们在运用语言时，可以适当选用这些表达形式，使语言更加简明。例如：他不能、不肯、也不看别人的苦处。（老舍《骆驼祥子》）此句采用合说的形式，很简明。

需要注意的是，简明与否要从语言表达的需求出发，当简则简，当繁则繁。不能为了简明而词不达意，甚至让人误解。

（二）连贯

1. 什么是连贯

所谓连贯，是指语言的表达要注意句与句之间的组合及衔接，做到话题统一、句序合理、衔接和呼应自然。它和语言的简明、得体一样，是语言运用的基本要求。

语言表达要求连贯，即句子之间的组合要通顺、流畅，而句子之间的组合无非两个方面：一是逻辑思维，二是语言组织的规律。这两个方面即"事理"和"文理"。事理，即"思路"和语段的"中心"。文理，即虚词、句式等的运用。

2. 如何做到表达连贯

（1）保持统一的话题。叙述一件事情，或者说明一个道理，要保持话题的前后统一。每一句、每一段落都要围绕统一的话题，使句子的话题与段落的话题一致；每一段落都要围绕统一的话题，使段落的话题与全文的话题一致。话题前后统一，是保持语言连贯的首要条件。例如：

我对松树怀有敬意的更重要的原因却是它那种自我牺牲的精神。你看，松树的干是用途极广的木材，并且是很好的造纸原料；松树的叶子可以提炼挥发油；松树的脂液可以制松香、松节油，是很重要的工业原料；松树的根和枝又是很好的燃料。更不用说在夏天，它用自己的枝叶挡住炎炎烈日，叫人们在如盖的绿荫下休息；在黑夜，它可以劈成碎片做成火把，照亮人们前进的路。总之一句话，为了人类，它的确是做到了"粉身碎骨"的地步了。（陶铸《松树的风格》）

这段话歌颂松树的自我牺牲精神。第一句从总的层面指出对松树的自我牺牲精神怀有敬意，第二、第三句分述它为人类献身的具体表现，最后一句进行了总结。每一句都围绕这个统一的话题展开，语意连贯、自然。

（2）保持一致的表述角度。说话也好，写作也罢，说明一个意思，描述一个对象，总要有一个表述的角度，包括时间角度、空间角度、人称角度等。表达的角度应该前后一致。角度一致，语言才能连贯。例如：

他童年时候讨过饭，少年时候在财主马房里睡过觉，青年时候又在秦岭荒山里混过日子，简直不知道世界上有什么可以叫做困难。他觉得照党的指示给群众办事，受苦也是享受。（柳青《创业史》）

此例中前一句的三个分句都从时间角度来表述，前后两句又都以"他"为表述角度，语气连贯，语意畅达。如果不注意语言表述的角度，一会儿以"我"为观察的主体，一会儿又以"他"为叙述的主体，或者一会儿说"天"，一会儿谈"地"，表述角度不断变换，就会影响语言的连贯。

（3）保持思路的连续不断。思路的连续不断反映在语言上，就是句子的顺序、段落的顺序安排要合理。事物之间都有一定的顺序，包括时间顺序、空间顺序、程序顺序、事理顺序等。按照这些顺序合理地安排，语言才能连贯。例如：

从远处看，郁郁苍苍，重重叠叠，望不到头。到近处看，有的修直挺拔，好似当年山头的岗哨；有的密密麻麻，好似埋伏在深坳里的奇兵；有的看来出世还不久，却也亭亭玉立，别有一番神采。（袁鹰《井冈翠竹》）

此例中的两句话从"远处"和"近处"的空间展开，描绘出一幅井冈翠竹图，思路清晰，语言连贯。

（三）得体

1. 什么是得体

王希杰教授所著的《修辞学通论》明确提出，得体性是一种社会群体文化心理的价值评价，是指语言文字对其环境的适应度。在不同的社会群体文化心理价值评价和语言文字环境的前提下，得体的就是合理的。

有一次，某笑星在电视节目录制现场表演二人转，演完后，女主持人上台搭话，结果这位笑星来了一句他常在台上说的玩笑话：“臭不要脸的。"女主持人当时就生气地红了脸。本来一场热热闹闹的场面一下子就变得很尴尬。这件事情就告诉我们语言表达要得体。

语言表达得体，是指能够恰当使用语言，符合语境和语体的要求。

语境有内部语境和外部语境之分。内部语境主要指文章的上下文，如文体、句式、语言间的搭配和使用习惯等。外部语境指言语交际时的各种情境条件，如说话的目的，说话的场合，需要表达的方式，发话者的身份、职业、处境，受话者的年龄、性别、经历、思想性格、爱好、文化水平、心理需求、职业处境等。

2. 如何做到表达得体

（1）用词妥当。要弄懂词义，区别词的感情色彩、词义轻重、范围大小，区别表示具体的、个别事物的词与表示概括的、集体事物的词。

（2）根据不同的语体，选用恰当的语言。在同一篇文章或同一场合，要保持语言风格的一致性。

（3）根据不同的场合选择与之相适合的语言。

（4）区分说话对象，选择不同的语言。

语言得体涉及的面较广，它不仅是语言形式问题，也和人的思想水平、道德修养、知识背景、情感气质等因素有关。要使自己的语言得体，对以上各方面都不能忽视。

二、有效表达的语言艺术

语言是工具也是资源，语言艺术水平的高低影响到每一个人的生产、生活质量。在当今的时代背景下，人与人的交流日益增多，人的社会化程度不断提高，科学技术革命对人的交流、协作、组织能力提出了新的要求，人的生活方式、就业方式和工作方式发生了较大的变化。从适应时代发展的层面上讲，提高语言表达能力具有十分重要的意义。

在日常的沟通中，要使表达更有效，除了有清晰的逻辑结构，并在表述时做到简明、连贯、得体之外，合理地运用赞美与批评的语言艺术，将极大地减少人们之间的隔阂，增强表达的效果。

（一）学会赞美的艺术

1. 学习赞美的意义

人人渴望被赞美。美国心理学家威廉·詹姆斯说："人类本性上最深的企图之一是期望被赞美、钦佩、尊重。"

试想，运动场上无人观看、无人喝彩会怎样？

事实上，世界上没有人对其他人对自己的赞美无动于衷，只不过有人会赞美他人，有人不会赞美而已。大文豪萧伯纳说过："每次有人吹捧我，我都头痛，因为他们捧得不够。"可见，谁都喜欢被赞美，关键是赞美的人能不能抓住赞美之词的"闪光点"。

著名的"罗森塔尔效应"产生于美国著名心理学家罗森塔尔的一次有名的实验中：他和助手来到一所小学，声称要进行一个"未来发展趋势测验"，并煞有介事地以赞赏的口吻，将一份"最有发展前途者"的名单交给了校长和相关教师，叮嘱他们务必要保密，以免影响实验的正确性。其实，他撒了一个"权威性谎言"，因为名单上的学生根本就是随机挑选出来的。8个月后，奇迹出现了，凡是那份名单上的学生，每个人的成绩都有了较大的进步，且各方面都很优秀。

显然，罗森塔尔的"权威性谎言"发生了作用，因为这个谎言对教师产生了暗示，左右了教师对名单上学生的能力的评价；而教师又将自己的这一心理活动通过情绪、语言和行为传染给了学生，使他们强烈地感受到来自教师的热爱和期望，变得更加自尊、自信和自强，从而使各方面得到了异乎寻常的进步。

该实验给我们这样一个启示：赞美、信任和期待具有一种正能量，它能改变人的行为，当一个人获得另一个人的信任、赞美时，他便感觉获得了社会支持，从而增强了自我价值，变得自信、自尊，获得了一种积极向上的动力，并尽力达到对方的期待，以避免对方失望，从而维持这种社会支持的连续性。所以，我们要学欣赏自己、赞赏别人。

赞美是对美好的人或事物的称赞。在与他人交往的过程中，发现对方在外貌、气质、体能、智力、工作、学习、作风、交际上的长处或优点，以言语把欣赏、钦佩的感受表达出来，这就是赞美。赞美的同义词有赞扬、夸赞、称赞、夸奖等。

2. 表达赞美的原则

（1）赞美要出于诚心。是否出于诚心，是否出于好意，这是赞美与阿谀、奉承、谄媚的本质区别。马克思说："友谊像清晨的雾一样纯洁，奉承并不能得到友谊，友谊只能用忠实去巩固它。"席勒说："人奉承的目的，就是要装出温驯的外貌来支配别人。"巴尔扎克说："谄媚从来不会出自伟大的心灵。"因此，赞美他人必须是发自内心的、热情洋溢的，要做到嘴上说的与心里想的一致、当面说的与背后讲的一致。

（2）赞美要符合实际。赞美要恰当，要符合实际，否则就失去了可信性。虽然人们都喜欢听赞美的话，但并非任何赞美都能使对方高兴。能引起对方好感的只能是那些基于事实、发自内心的赞美；相反，你若无根无据、虚情假意地赞美别人，对方不仅会感到莫名其妙，更会觉得你油嘴滑舌、诡诈虚伪。例如，你见到一位其貌不扬的小姐，却偏要对她说："你真是美极了！"对方立刻就会认定你所说的是虚伪至极的违心之言。但如果你着眼于她的服饰、谈吐、举止，发现她这些方面的出众之处并真诚地赞美，她一定会高兴地接受。

真诚的赞美不但会使被赞美者产生心理上的愉悦，还可以使你经常发现其他人的优点，从而使自己对人生持有乐观的态度。

（3）赞美要明确具体。在日常生活中，人们有非常显著的成绩的时候并不多见。因此，交往中应从具体的事件入手，善于发现其他人的长处，并不失时机地予以赞美。赞美用语越翔实具体，说明你对对方越了解，对他的长处和成绩越看重。赞美之词如果能让对方感受到你的真挚、亲切和可信，你们之间的距离就会越来越近。如果你只是含糊其辞地赞美对方，说一些"你工作非常出色"或者"你是一位卓越的领导"等空泛的话语，还可能引起对方的猜度，甚至产生不必要的误解和信任危机。空泛笼统的赞美缺乏支持力，会使人怀疑你的鉴赏水平和评价能力，有时会被误认为假意恭维，怀疑你的动机和企图，引起反感。又如，不要笼统地夸赞"这些菜都好吃"，而要具体指出哪几个菜格外可口，色香味俱佳。如果赞美不明或者模棱两可，人家会以为你在绕着圈子挖苦，表面上说的是长处而实际是在揭短，只会给人带来不快。再如，不要说"你穿上这件衣服挺好，显得不那么臃肿了"，而要说"这件衣服你穿上很得体，显得大方而又有风度"。

（4）赞美要区别对象。赞美的内容取决于赞美对象的性别、年龄、职业、阅历、性格特征。例如，对男同志要赞美他的气质和风度，对女同志要赞美她的容貌、体态和魅力，对年轻人要赞美他的创造才干和好学精神，对老年人要赞美他的经验丰富和身体健康等。人的素质有高低之分，年龄有长幼之别，因人而异，突出个性，有特点的赞美比一般化的赞美能收到更好的效果。老年人总希望别人不忘记他"想当年"的业绩与雄风，同其交谈时，可多称赞他引为自豪的过去；对年轻人，不妨语气稍为夸张地赞扬他的创造才能和开拓精神，并举出几点实例证明他的确能够前程似锦；对于经商的人，可称赞他头脑灵活、生财有道；对于有地位的干部，可称赞他为国为民、廉洁清正；对于知识分子，可称赞他知识渊博、宁静淡泊。当然，这一切要依据事实，切不可虚夸。

（5）赞美要选准时机。首先，要选择急需鼓励的时刻，看到微小进步时要及时予以赞美，而不要等到发现退步时才想起谈及他原先的优点。例如，家长按学校的要求检查孩子的作业，在孩子写得好时，毫无表情签个字，而当孩子写得不好时才说"你上几次写得多用心、多工整，这次怎么这样潦草，太不像话了"。其实，如果家长上次及时赞美孩子，说不定孩子这次会写得更用心、更工整。其次，要选择对方以为你已经遗忘的时刻，重提对他的良好印象。最后，感谢对方给予自己的帮助和支持，重新献上赞美之词，表明你把他的好处铭刻在心，赞美的效果会倍增。

（6）赞美要注意场合。赞美的效果在于见机行事、适可而止，真正做到"美酒饮到微醉后，好花看到半开时"。当有人计划做一件有意义的事时，开头的赞扬能激励他下决心干出成绩，中间的赞扬有益于对方再接再厉，结尾的赞扬则可以肯定成绩，指出进一步的努力方向，从而达到"赞扬一个，激励一批"的效果。

平日接触中的随时赞美，要注意根据在场人数的多寡选择恰当的赞美话语。被赞美者单独在场时，不管哪方面的赞美话语，都不会引起他人的不自在；如果多人在场，你赞美其中一人，有些赞美的话语会惹出其他在场者不同的心理反应。例如，几个女同志在场，你只夸其中一人漂亮，别的女同志可能认为你在抬举一人而贬低多人；在众人面前你称道领导者的精明强干，其他人可能认为你在阿谀奉承，故意讨好上级，导致"谁爱当面捧谁也就爱背后骂他"（日本谚语）的不良后果。单位负责人在集会时总结、表扬一个阶段涌现出的好人好事，当然必须在众人面前发表赞美之词，以树立榜样、形成舆论，推动工作的开展。

(7) 赞美要雪中送炭。俗话说"患难见真情"，最需要赞美的不是那些早已功成名就的人，而是那些因被埋没而产生自卑感或身处逆境的人。他们平时很难听到一声赞美的话语，一旦被人当众真诚地赞美，便有可能振作精神、大展宏图。因此，最有实效的赞美不是"锦上添花"，而是"雪中送炭"。

此外，赞美并不一定总用一些固定的词语，逢人便说"好……"效果并不好。有时，投以赞许的目光、做一个夸奖的手势、送一个友好的微笑也能收到意想不到的效果。

小贴士

表达赞美的小技巧

1. 否定他人，肯定对方

请比较这两句赞美之词有什么不同：一句是"我对人人都赞赏，你也不例外"，另一句是"我很少佩服别人，你是例外"。你觉得哪句话更中听？答案一定是后者。前者在肯定别人的同时也肯定了你，但不如后者先把别人压低（别人不在场，也不会得罪人），再单独把你捧起来，于是让你有了一种唯我独尊的感觉。

2. "我非常佩服两个人……"

如果赞美对方的时候,再增加一个优秀的人做帮衬,那么将更能显示出你的真诚与实在。例如:"秋明,到目前为止,我只佩服两个人:一个是某某某,另一个就是你了。"

试想,如果他说只佩服你一个人,你会觉得是故意奉承,有点假。可是,他说只佩服两个人,其中一个就是你,显得很真实。

3. 先抑后扬式赞美

在与人交往的过程中,应该多赞美他人,不能轻易否定对方。然而,有一种形式的否定,对方是能够接受的,那就是先抑后扬式,否定过去,肯定现在。例如:

"开始我觉得你这人有些清高,时间长了,我发现你其实是挺随和的一个人,我喜欢你这样的人——真实。"

"我记得你以前车技一般,现在怎么车开得这么好?"

4. 接过话题,顺势赞美

初次见面,问对方是哪里人。当对方说出自己的家乡后,你应该接上话题:"那个地方我去过,风景美,人实在……"或者说:"我在电视里看过那个地方,山美水美,出人才……"如果你既没去过,也没在电视上看过,你可以说:"我听说过那个地方……"当你真诚地表达出自己的感受时,对方马上会产生一种亲切感,你与对方的心理距离也会大大缩短。

赞美是引起对方好感的交际手段,它能满足人的心理需要,符合人际交往的酬赏理论,然而"赞美引起好感"又不是绝对的、无条件的,它受动机目的、事实根据、交往环境等多种因素制约。因此,要防止赞美的反作用,防止赞美话语的陈旧、单调。

(二)学会批评的艺术

1. 学习批评艺术的意义

如果有人在写着"禁止吸烟"的牌子下吸烟,可能出现两种情况:一种是管理人员对着抽烟者指着牌子说:"难道你们不识字吗?"另一种是管理人员递给抽烟者每人一支烟,说:"老兄,如果你们到外面抽,我会感谢你们的。"抽烟者当然知道自己破坏了规定。管理人员的行为,提高了自己的威望,也获得了敬重。这就是批评的艺术。

俗话说："世界上没有不犯错误的人。"没有一个人能保证自己永远不失误，所以，对失误者的批评绝不能一棍子打死，而要更多地给予理解和帮助。当我们面对一个犯有某种过错的人时，能够做的补救措施之一，就是用语言向对方指点迷津，使其迷途知返。不过，跟犯有过错的人对话，与平常的对话是有较大差异的，过或不及都难以取得令对方口服心服的效果。英国学者帕金森说："即使在私下，不破坏和谐融洽气氛与亲密合作的批评都是很难做到的。"批评确实是一件不容易掌握的事情，既要让对方认识到错误的危害性，又要做到不伤害对方自尊，使对方能够欣然接受，并且还能增进双方的信任感。实际情况下，我们往往很难同时做到这一切。

批评是一门艺术，有许多技巧，而这些技巧之中最主要的就是要合理地运用批评方式。由于每个人的工作方法、修养水平、情感特征各不相同，对同一个问题的批评方式就会表现出明显不同的差异性。

2. 表达批评的原则

（1）批评要具体，要有建设性。如果你要求别人以后做事更仔细些，别人会不知道你在说什么；但如果你指出别人遗漏了的细节，或浪费掉的费用，别人就知道你在说什么问题。

（2）一次解决一个问题。一次谈论多个问题，会伤害对方的感情，让对方以为你是在有计划、有目的地打击他们，还可能不知道你最关注的到底是哪个问题，不知道从哪里着手解决。

（3）要持之以恒，注意每次的出格行为，不要忽略它们会最终导致大错误的发生。

（4）私下进行，不要在其他下属面前公然批评。

小贴士

表达批评的小技巧

批评的方式有很多种，这就需要根据具体的当事人和事件进行选择。批评既可以开诚布公、直截了当、开门见山，也可以迂回作战、逐渐进入，采取冷处理；既可以是商讨式、谈心式、启发式的批评，也可以是严厉的、直接的批评；既有发问式的批评，也有否定式的批评。

例如，对于生性固执或自我感觉良好的下属，可以直白地指出他犯了什么错误，以期对他有所警醒；对于性格内向的人，由于其对他人的评价非常敏感，可以采用以鼓励为主、委婉的批评方式。另外，对于严重的错误，要采取正式的、公开的批评方式；对于轻微的错误，则可以私下里点到为止。

(1) 当头棒喝+道歉。我们同犯错误较深较大者对话时，可以先给予猛击一掌，当头棒喝，使其心灵受到震动，从而深刻反思，待对方有所触动之后，再对自己刚才言语的率直和态度的简单加以道歉。这种方式类似于"先硬后软、先刚后柔"。

(2) 猛击一掌+警告。在生活中，我们常常遇到犯这种低级错误的人：不讲道理，粗鲁蛮横。对于这类人，有必要采取"魔高一尺，道高一丈"的以刚制刚、以强抗强的方式，先大喝一声，猛击一掌，还以颜色，继而点明要害，提出警告。以此方法，就能起到"强龙"加"地头蛇"的双层强硬效果。

(3) 旁敲侧击+点拨。先用旁敲侧击、敲山震虎之言震慑对方，继而用借喻、暗示之语点明要害，从而达到拨开对方心灵阴霾的目的。

(4) 痛心惋惜+启发。对于某些偶犯错误的人来说，我们与之交流时不妨先说一些痛心疾首的惋惜的话，以打动对方；然后再给予理智的启发。当然，这种启发是因人而异的，一个原则是真诚，这样就能达到显著的交谈效果。

(5) 类比反思。人们常说，人心都是肉长的。的确，如果我们以自身的经历和情感为话题，去同犯有过错的人谈话，就比较容易引起他们的共鸣。激起他们情感的波澜，在此基础上，引导其反思错误就常常能产生积极的言谈效果。

(6) 对比述评。"一分为二"是我们常挂在口头上的格言，对于犯错误者来说，如果能以这样的方式（指出其错误又肯定其长处）去谈话，那么，言谈效果就比较好了。不过，如果能将对方的优缺点同自己做一番对比，或者将对方的优缺点同他人做一番对比，并以精辟的言语分析、概括和点题，就更容易起到"拨开云雾见太阳"的开启心智的效果。

(7) 拿自己做比。成功学大师戴尔·卡耐基认为，在与他人相处时，应该学会尊重他人，尽量减少对他人的伤害。一个和谐的人际关系的基础是彼此之间互不伤害。

假如一个人一开始就谦虚地承认，他也可能犯错误，并不是无懈可击的，那么其他人再听他评断自己的过失，也许就不会难以入耳了。

批评方式的划分有许多种，除以上谈到的外，还包括请教式、安慰式、模糊式等，这些划分的标准只是根据日常生活中的运用进行的简单归纳，不一定十分科学。在实际批评时,可以综合运用多种方法,如通过提供多角度、多方面的比较,使人反思领悟,从而自觉愉快地接受批评、改正错误,这才是我们所关心的问题。

批评要以理服人,摆事实、讲道理,善意的批评要建立在一种信任的基础上。从人际交往的角度来看,否定和批评下级的过程,其实是领导者与被领导者、批评者与被批评者沟通思想、看法和意见的过程。通过恰如其分的批评和否定,领导者与下属之间可以达成情感交流和相互认知,甚至实现肝胆相照、荣辱与共,使双方都卸掉精神包袱,轻松愉快地开始下一步的工作。

总之,狭义的职场是指工作场所;广义的职场是指与工作相关的环境、场所、人和事情,还包括与工作、职业发展相关的社会生活活动、人际关系等。新人在初入职场的时候,需要经历一个积累经验和学习的过程,为了快速融入工作环境,让领导认同你、让同事接纳你,你就必须去适应其中的工作流程、工作注意事项等,这样才能避免人际关系给你带来的不必要的麻烦。职场人际交往中,一个人成功与否,跟他的交际能力与语言艺术有特别大的关系,掌握表达的基本逻辑,学会运用语言的艺术,秉持一颗"至诚的心",并依据时间、场所和对象的不同,通过语言展示自己最优秀的一面,更容易让人相信、被人接纳。

最后,笔者用电视剧《职场是个技术活》里的经典台词对本章进行总结提炼:能说漂亮话的那是能人,能干漂亮事的那是高人,话说得漂亮、事情也干得漂亮的那是超人。

本章思考题

- 有效表达的五个准则是什么？
- 金字塔原理的基本结构是什么？
- 有效表达的三项要求分别是什么？
- 表达赞美的原则有哪些？
- 表达批评的原则有哪些？

第二章　公文写作

公文是在各级各类国家机关、社会团体和企事业单位的公务活动中，有着特定效力和广泛用途的文书。随着公司经营管理的日益规范化、制度化，公文也成为公司事务运行的重要组成部分。

本章从公文的基本知识入手，介绍公文的格式、写作要点，讲解常见公文的特点并展示范例。最后，通过介绍语法基础知识帮助读者提高公文写作水平。

通过本章学习将帮助你

了解公文特点、格式、语言要求等基本知识

掌握常见的 11 种公文的写作要点

了解公文写作中的语法、标点符号及数字用法

第一节
公文写作概述

写作是语言的延伸。公文写作是职场办公的基本技能，在了解和掌握有效表达相关知识的基础上，以文字的形式有效地处理工作中的事务、标准地运用各类公文写作是一名职业经理人的必修课。

一、公文的基本知识

（一）公文的概念和特点

"公文"一词，最早见于西晋陈寿的《三国志·魏书·赵俨传》："公文下郡，绵绢以还民，上下欢喜，郡内遂安。"在这里，"公文"的意思是"公布文书"，与现代的意义上的"公文"一词的含义不尽相同。

现代意义上的公文的含义，有广义和狭义之分。广义的公文，指的是各种社会组织用于表达意志的文书，是其传递策令、沟通信息、交流经验、推动公务活动开展的重要工具和手段。

中共中央办公厅、国务院办公厅2012年颁布实行的《党政机关公文处理工作条例》第三条作出了明确界定："党政机关公文是党政机关实施领导、履行职能、处理公务的具有特定效力和规范体式的文书"。这是狭义的公文含义。

当前，我国很多企事业单位、社会组织和机构均参照上述条例建立了自己的公文管理制度。因此，公文可以被认为是机关、企事业单位、社会组织和机构用于履行职能、实施组织管理与处理事务，具有特定效力和规范体式的一种文书，是传达贯彻党和国家的方针政策，公布制度，指导、布置和商洽工作，请示和答复问题，报告、通报和交流情况等的重要工具。

从公文的定义中我们可以看出，"公文"具有以下四个特点。

1. 内容的公务性

公文的内容应当是反映和传达所制发的机关、企事业单位、社会组织和机构的公务信息。公文是组织行为，体现集体意志。

2. 格式的规范性

公文格式的规范性，是公文特性发展的需要，也是公文写作和办理的需要。公文的格式同时也是程式，体现公文写作和办理的程序性。

规范的公文能体现其内容的严肃性，体现发布组织对于公文涉及事项的权威性，同时保证在传播过程中内容的完整性，使组织成员产生一致的认识。

3. 对象的指定性

公文的对象是特定的，这在公文的格式上有专门规定，即"主送机关""抄送机关"和"传达（阅读）范围"（部分公告性公文如公告、通告等，可能指定阅知者为不特定的社会群众）。

对应地，公文的作者也只能是具备相应权力或相关职能的单位或机构，其公布颁发的公文才能起到相应的作用。

4. 效力的制约性

公文只能由规定的作者向特定的读者发出并要求办理，它反映的是所属单位或机构的职权关系和管理范围。公文生效后，它传达的组织意志对所属的组织全体成员具有指导性和制约性。公文正因为有制约性，才能实现在现实中的管理作用。

（二）公文的作用与意义

规范的公文对机关、企事业单位、社会组织和机构的职能履行与事务运转有着十分重要的作用和意义。

1. 领导和指导作用

公文是上级单位或机构对下级单位或机构进行领导和指导的重要工具。

上级单位或机构通过向下级单位或机构制发公文，传达法律规定、政令或方针政策以及自身的决策意识，组织开展各种公务行为，要求或命令下级单位或机构严格按照所发公文，采取相应的措施进行落实。

某些上级公文不一定具有命令或指令性质，有的仅是对本行业、本系统的业务工作提出原则性或建议性的指导意见，下级单位或机构可以根据地方或自身实际，参照执行。

2. 规范和约束作用

在公文中，有相当一部分具有"规范性文件"性质，如条例、规定、办法等。这类公文是一定范围内社会或机构系统内相关行为主体的行为准则或规范，具有明显的规范和约束作用，一旦制发生效，适用对象就应当遵照执行。

3. 宣传和教育作用

党政机关制发的部分重要公文在作出工作部署或要求的同时，通常要分析国内外政治和经济形势，阐述党的理论、路线、方针、政策和国家的法律法规，对适用的社会群众进行宣传教育，以便统一思想认识，增强贯彻执行的自觉性。

某些公文，如表彰性或批评性的通告、通报等，本来就是为了达到宣传教育的目的而制发的，其宣传教育作用更为突出。

4. 依据和凭证作用

公文作为处理公务的专门文书，反映了发文单位的意图，具有强制效力，是收发单位作出决策、处理问题、开展工作的依据和凭证。如上级单位制发的公文（决议、规定、指示、决定、条例、批复、通知），是下级单位组织开展工作的依据和凭证；下级单位制发的公文（请示、报告、意见），是上级单位制定决策、指导工作的依据和凭证；平级或不相隶属的单位间制发的公文（函），是彼此之间交流情况、商洽工作的依据和凭证。

5. 沟通和联系作用

党政机关、企事业单位、社会组织和机构都要通过制发公文联系和商洽工作，传递和反馈信息，介绍和交流经验。正是在各种纵向、横向的联系和沟通中，上下级之间实现沟通交流，思想认识得到统一，各项工作能够正常有序地开展。

（三）公文的常见分类

公文是一个集合名词，通常根据不同标准，有以下常见的分类。

1. 根据行文关系划分

（1）下行文。下行文是上级向下级发送的公文。这类公文一般包括命令、决定、决议、公告、通告、通知、通报、批复和意见。

（2）上行文。上行文是下级向上级呈送的公文，例如请示、报告。

（3）平行文。平行文是平级或无隶属关系的单位之间相互往来的公文，常用的有函、议案及某些通知。

2. 根据公文的用途划分

（1）指令性公文。指令性公文是以上级决策机关或主要负责人名义制发的，用于施行领导和指导工作的公文，包括决议、决定、命令、批复、指示性通知等。

（2）报请性公文。报请性公文是下级向上级报告工作、反映情况、请求指导和批复的公文，包括请示、报告、带有请求批准事项的函、议案等。

（3）告知性公文。告知性公文是指公开发布重大事件、重要事项，或者在一定范围内公布应当遵守或周知事项的公文，包括公报、公告、通告、通知、通报、带有通知性质的函。

（4）实录性公文。实录性公文是指对有关情况进行记录整理而形成的公文，包括纪要、会议记录。

（5）商洽性公文。商洽性公文是指无隶属关系的单位之间商洽工作、询问或答复问题，向有关主管部门请求批准事项的公文，如函。

3. 根据公文地位划分

（1）法定公文。法定公文是指党和国家在公文管理法规中作出明确规定，具有规范的体例格式、严格的行文规则和处理程序，一经印发即具有法律效力的公文，如《党政机关公文处理工作条例》中规定的各类公文。

（2）普通事务性公文。普通事务性公文是指各级各类机关、企事业单位、

职场基本功

社会组织和机构在法定公文类型之外处理日常事务及工作中经常性使用的公文。这类公文的格式和效力没有特殊规定，一般不用来行使行政职权，只做参考、存档或证明之用。这类公文的体例也没有明文规定，只有惯用种类、格式和约定俗成的写法，比较灵活，如总结、简报、计划、策划案、情况说明等。

二、公文写作的语言要求

（一）公文写作的表述要求

公文承担着单位和组织间上传下达、联系沟通及规范事务运行的重要作用，因此公文在写作时的表述与一般的文章写作有所不同。它必须表达规范、准确、恰当，不能使传递的信息失真或使接收者的理解产生歧义，从而影响机构事务正常有序地运作。

一般来说，公文写作的表述有以下三个特点。

1. 严谨庄重

公文通常以单位或机构的名义制发，具有公务性，因此其写作用语应当严谨庄重，使用规范化的书面语言，体现严肃性。应当避免使用俗语、口语、简称等，一般也尽量避免使用文艺修辞语言。

2. 恰当准确

正确地记载和传递信息是撰写公文的基本要求，公文的语言表述必须符合客观实际，符合逻辑，即概念准确而恰当，并符合现代汉语语法与修辞的规范。

词句承载的信息容量与其信息的准确性是成反比的。如果一个词句的信息容量很大，则会造成人们对该词句所传递信息的认知模糊，进而影响到对整篇文章的准确理解，甚至产生歧义。因此，在撰写公文时，要避免使用含义不准确的词句，应当使用含义单一、意义准确的词句。

3. 朴实得体

公文是机构处理事务的工具，也是沟通信息的基本方式，因此用语要朴实得体。朴实是指公文语言要朴实无华、平铺直述，不需要华丽辞藻，不搞文学描写，更不能用虚构、隐喻、夸张等繁复的修辞技巧。所谓得体，是指公文的语言要适应不同文体的行文关系、适用范围与作者的职权范围。例如，上行文宜用语尊重、简要，体现出下级机关对上级机关负责的精神；平行文要体现出诚恳配合、自愿协作的态度，用语谦和礼貌；下行文要体现出领导机构的权威和政策水平，用语明确、具体，分寸得当；公布性公告，用语要通俗易懂，尽量避免使用生僻难懂的词句、典故及专业术语；用于社会公共服务的文件，更要注意使用平和而礼貌的词句，表达热诚服务的意愿。

（二）公文的常见专用语

1. 称谓词

称谓词即表示称谓关系的词语。在公文写作中，涉及机构或个人时，一般应当直呼机构的全称或规范化的简称，以及对方的职务或"××同志""××先生（或女士）"。在表示指代关系的称谓时，一般可用以下专用语。

（1）第一人称："本""我"，其后连接所指代的机构或单位简称，如本公司、本部门、本单位、我厂、我所、我局等。

（2）第二人称："贵""你"，其后连接所指代的机构或单位的简称，如贵公司、贵单位、贵部门、你厂、你局、你所等。在公文中，用"贵"字做第二人称，是表示尊敬与礼貌，一般用于平行文或涉外公文。

（3）第三人称："该"，在公文中使用广泛，可用于指代人、机构或事物，如该公司、该单位、该厂、该同志、该产品等。"该"字在公文中正确使用，可使公文文字简明、语气庄重。

2. 领叙词

领叙词即用于引出公文写作的根据、理由或公文具体内容的词。领叙词在公文中出现的频率很高，可以使公文开宗明义。

常用的领叙词有根据、按照、遵照、为了、接……、前接（或近接）……、敬悉、惊悉、……收悉、经查、为……现特……、……现……如下，等等。

公文的领叙词多用于文章的开端，引出公文制发的原因、根据或事实；也有的用于文章中间，起前后过渡衔接的作用。

3. 追叙词

追叙词是用于引出被追叙事实的词。公文中有时需要简要追叙有关事项的经过或流程，为使追叙的内容出现得自然、不突兀，常常要使用一些引发追叙的词语。

常用的追叙词有已经、业经、前经、均经、即经、复经、迭经。

4. 承转词

承转词又称作过渡用语，是指承接上文转入下文时使用的关联、过渡词语，用于陈述理由、事实之后引出作者的意见、方案等。这种词语不仅有利于文辞简明，而且有前后照应的作用。

常用的承转词有为此、据此、故此、鉴此、综上所述、总而言之、总之等。

5. 祈请词

祈请词也称期请词、请示词，用于向受文者表示请求与希望。

常用的祈请词有希、即希、敬希、请、望、敬请、烦请、恳请、希望、要求等。

6. 商洽词

商洽词又称询问词，用于征询对方意见，具有探询语气。

常用的商洽词有妥否、当否、是否妥当、是否可行、是否可以、是否同意、意见如何等。

这类词语一般用于公文的上行文、平行文中，在使用时要注意确有实际的针对性，即确需在征询对方意见、态度时使用。

7. 受事词

受事词为向对方表示感激、感谢时使用的词语。

常用的受事词有蒙、承蒙。

受事词属于客套语，一般用于平行文或涉外文书。

8. 命令词

命令词即表示命令或告诫语气的词语，用于增强公文的严肃性与权威性，引起受文者的高度注意。

表示命令语气的常用词语有着、着令、特命、责成、令其、着即等。

表示告诫语气的常用词语有毋违、切实执行、不得有误、严格办理。

9.目的词

目的词即直接交代行文目的的词语。人们撰写公文时都有明确而具体的目的，对此，需要有针对性地使用简洁的词语加以表述，以便受文者正确理解并按时执行。

用于上行文、平行文的目的词，还需要加上祈请词，常用的有请批复、函复、批示、告知、批转、转发。

用于下行文的目的词，常用的有查照办理、遵照办理、参照执行等。

用于知照性的公文，常用的目的词有周知、知照、备案、审阅。

10.表态词

表态词又称回复用语，即针对对方的暗示、问函，表示明确意见时使用的词语。

常用的表态词有应、应当、同意、不同意、准予备案、特此批准、请即实行、按照执行、可行、不可行、迅速办理等。

在使用上述词语时，要对公文的下行文和平行文进行严格区分。

11.结尾词

结尾词即置于正文最后，表示正文结束的词语。

用于结束上文的词语，常用的有此布、特此通告、通知、批复、函复、函告、特予公布、此致、此令、此复、特此。

用于再次明确撰文具体目的与要求的词语，常用的有……为要、……为盼、……是荷、……为荷。

用于表示敬意、谢意、希望的词语，常用的有敬礼、致以谢意、谨致谢忱。

使用这些专用词语，有助于使公文表达简练、严谨并富有节奏感，从而赋予公文庄严、严肃的色彩。

三、公文写作的基本规范

（一）常见公文格式要求

对于常见公文的格式，我国有明确的国家标准——由原国家质量监督检验检疫总局、国家标准化管理委员会2012年发布的《党政机关公文格式》（GB/T 9704—2012），企事业单位和其他社会组织机构也可根据该标准制定适用本行业或本单位的公文标准。

1. 公文格式的一般要求

（1）公文用纸要求。公文的印刷用纸采用《印刷、书写和绘图用幅面尺寸》GB/T 148—1997中规定的A4型纸（幅面尺寸为210毫米×297毫米），左侧装订。特殊形式的公文用纸幅面，根据实际需要确定。

公文用纸的天头（上白边）尺寸为37毫米±1毫米，订口（左白边）尺寸为28毫米±1毫米，版心（中间印文处）尺寸为156毫米×225毫米（见图2-1）。

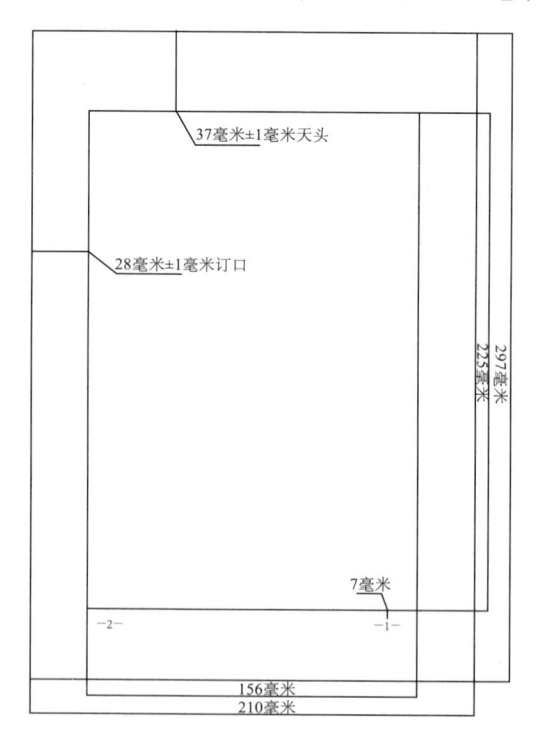

图2-1　A4型公文用纸页边及版心尺寸

（2）字体、字号与颜色要求。公文标题用二号宋体加粗字体，可分一行或多行居中排布。公文格式其余各要素一般用三号仿宋体，特定情况下可以做适当调整。如无特殊说明，公文中文字的颜色均应为黑色。

（3）行数与字数要求。一般每面排22行，每行排28个字，并撑满版心。特殊情况下可以做适当调整。

（4）印制和装订要求。文字符号一律从左到右横写、横排。公文要双面印刷，左侧装订，不掉页。

2. 公文格式各要素编排规则

版心内的公文格式各要素划分为版头、主体、版记三部分。

（1）版头。版头部分是指公文首页红色分隔线以上的部分，包括份号、密级和保密期限、紧急程度、发文机关标志、发文字号、签发人等内容。

①份号（公文份数序号）。如需标注份号，用3号阿拉伯数字，顶格编排在版心左上角。

②密级和保密期限。如需标注密级，用3号黑体字，顶格编排在版心左上角第一行，两字之间空一格；如需同时标注密级与保密期限，用3号黑体字，顶格编排在版心左上角第一行，密级两字之间不空格，密级和保密期限之间可用"★"隔开。

③紧急程度。如需标注紧急程度，用3号黑体字，顶格编排在版心左上角第二行；如需同时标注份号、密级和保密期限、紧急程度，按照份号、密级和保密期限、紧急程度的顺序自上而下分行排列。紧急公文分为"特急""加急"两种紧急程度。

④发文机关标志。发文机关标志由发文单位全称或规范化简称后加"文件"二字组成；对一些特定的公文，可只标注发文单位全称或规范化简称。发文单位标志居中排布，上边缘至版心上边缘为35毫米。

发文单位标志推荐使用华文中宋40号字，颜色用红色，字号以醒目美观为原则酌定。

联合行文时应使主办单位在前，"文件"二字置于发文单位名称右侧，上下居中排布；如联合行文单位过多，必须保证公文首页显示正文。

⑤发文字号（简称文号）。发文字号由发文单位代字、年份和序号组成。发文单位标志下空两行，用三号仿宋字，居中排布；年份、序号用阿拉伯数字标注；年份应标注全称，用六角括号"〔〕"括入；序号不编虚位（1不编为

01）。在发文字号之下4毫米处，居中印一条与版心等宽的红色分隔线。

多个主体联署发文的，只标明主办机关发文字号。

⑥签发人。上报的公文需标注签发人姓名，编排在发文单位标志下空两行位置，平行排列于发文字号右侧。发文字号居中，签发人姓名居右空一格；"签发人"用三号仿宋字，签发人后标全角冒号，冒号后用三号楷体字标注签发人姓名。

如有多个签发人，签发人姓名按照发文单位的排列顺序从左到右、自上而下依次均匀编排，一般每行排两个姓名，回行时与上一行第一个签发人姓名对齐。

⑦分隔线（红色）。在发文字号下4毫米处居中印一条与版心等宽的红色分隔线。

公文首页版式详见图2-2。

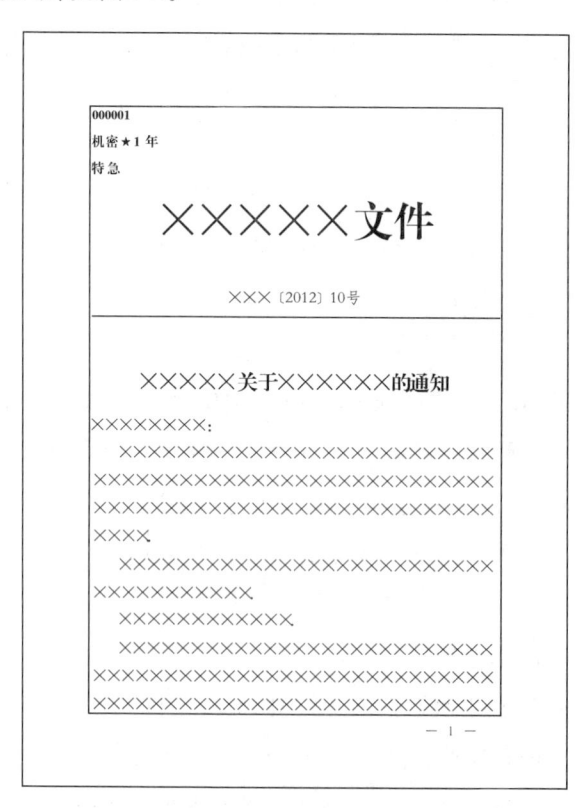

图2-2 公文首页版式

（2）主体。公文主体是指首页红色分隔线（不含）以下、公文末页分隔线（不含）以上的部分，一般包括公文标题、主送机关、正文、附件、发文机关署名、成文日期、印章、附注等部分。

①标题。红色分隔线下空两行，用二号宋体加粗字体，可分一行或多行居中排布；回行时，要做到词意完整、排列对称、长短适宜、间距恰当、标题排列应当使用梯形或菱形。

②主送机关。标题下空一行，左侧顶格用三号仿宋字标识，回行时仍顶格；最后一个主送单位名称后标全角冒号。主送单位名称过多而使公文首页不能显示正文时，应将主送单位移到版记中的抄送之上，标注方法同抄送。

上行文（报告、请示等）一般只有一个主送机关。公开发布的公文（如公告、决议、公报、通告）一般不写主送机关。

③正文。公文首页必须显示正文，编排在主送单位名称下一行，每自然段左空两字，回行顶格。回行时不能将数字、年份拆开。正文用三号仿宋字。文中结构层次序数依次可以用"一、""（一）""1.""（1）"标注；通常第一层用黑体字标注，第二层用楷体字标注，第三层和第四层用仿宋体字标注。结构层次只有两层的可以用"一、""1."标注。

④附件。公文如有附件，在正文下空一行左空两字用三号仿宋字标注附件名称，即"附件"后标全角冒号和名称。附件如有序号，使用阿拉伯数字（如"附件：1.×××"），附件名称后不加标点符号。附件名称较长需回行时，应当与上一行附件名称的首字对齐。附件应当另面编排，与公文正文一起装订，"附件"二字及附件顺序号用三号仿宋字顶格编排在版心左上角第一行。附件标题居中编排在版心第三行。附件的顺序号和附件标题应当与附件说明的表述一致。附件格式要求同正文。附件与正文不能一起装订时，应当在附件左上角第一行顶格编排公文的发文字号并在其后标注"附件"二字及附件顺序号。

⑤发文机关署名。公文须署发文机关全称或者规范化简称。除了纪要外，其他公文均要求有发文机关署名。

单一单位行文时，在正文（或附件说明）下空一行右空两字编排发文单位署名，在发文单位署名下一行编排成文日期，成文日期对应发文单位署名居中编排。

联合行文时，应当先编排主办单位署名，其余发文单位署名依次向下编排。

⑥成文日期。成文日期应用阿拉伯数字将年、月、日标全，年份应标全称，月、日不编虚位，如"2018年5月9日"。

⑦印章。印章即公文最后生效标志。成文日期一般右空四字编排，印章用红色，不得出现空白印章。

单一单位行文时，一般在成文日期之上、以成文日期为准居中编排发文单位署名，印章端正、居中下压发文单位署名和成文日期，使发文单位署名和成文日期居印章中心偏下位置，印章顶端应当上距正文（或附件说明）一行之内。

联合行文时，一般将各发文单位署名按照发文机关顺序整齐排列在相应位置，并将印章一一对应、端正、居中下压发文单位署名，最后一个印章端正、居中下压发文单位署名和成文日期，印章之间排列整齐、互不相交或相切，每排印章两端不得超出版心，首排印章顶端应当上距正文（或附件说明）一行之内。

⑧附注。附注主要用于说明公文发送、阅读、传达范围。公文如有附注，用三号仿宋体字，居左空两字加圆括号标注在成文日期下一行（不再空一行）。

公文末页格式见图2-3。

（3）版记。公文末页首条分隔线以下、末条分隔线以上的部分为版记，包括抄送、抄报、印发机关和印发日期、页码等。

①抄送、抄报。公文如有抄报、抄送，分别在版记第一、第二行，左右各空一字，用四号仿宋字标注"抄报"或"抄送"，后加全角冒号和单位名称，回行时与冒号后的首字对齐。抄报、抄送单位应当使用全称或规范化简称、统称，并按编制顺序排列。不同级别单位按上级、平级、下级单位的次序排列，同级单位按编制序列排列，不同级别或同一级别不同性质的单位之间用逗号，同一级别、同一性质的单位之间用顿号，在最后一个抄送单位后标句号。如主送单位移到抄送之上，它们之间不加分隔线，编排方法同抄送单位。

如正文中主送机关过多，移到抄送之上，编排方法同抄送机关，抄送机关则下移，它们之间不加分隔线。抄送机关格式如图2-3所示。

图2-3 公文末页版式

②承办和联系方式。承办和联系方式位于抄送单位下方，占一行位置，用四号仿宋字。"承办"左空一字，后标全角冒号；"联系方式"右空一字，后标全角冒号。如使用联系电话，应标注区号加电话号码，区号左右两边加圆括号。

③印发机关和印发日期。印发机关和印发日期位于承办和联系方式之下，占一行位置，用四号仿宋字。印发单位左空一字，印发日期右空一字。印发单位是公文印刷的主管部门，一般应为各级行政管理部门。印发日期以公文付印的日期为准，用阿拉伯数字标注。

④页码。页码编排用四号半角宋体阿拉伯数字，编排在公文版心下边缘之下一行，数字左右各放一条一字线，如"—2—"。一字线距版心下边缘7毫米。

单页码居右空一字，双页码居左空一字。信函格式首页和空白页不编排页码。公文版记页前有空白页的，空白页和版记页均不编排页码。

3. 特定公文格式要点

（1）信函格式。发文单位标志为发文单位全称，发文单位名称上边缘距上页边的距离为30毫米，推荐用华文中宋体字，字号由发文单位酌定；发文单位名称下4毫米处为一条双线（上粗下细），距下页边20毫米处为一条双线（上细下粗），两条线长均为170毫米。发文单位名称及双线均印红色。

（2）纪要格式。纪要标注由"××××纪要"组成，居中排布，上边缘至版心上边缘为35毫米，推荐使用红色宋体字，字号由发文单位酌定。纪要不加盖印章。纪要须标注出席、列席人员名单，在正文或附件说明下空一行左空两字编排"出席"或"列席"两字，用三号黑体字，后标全角冒号，冒号后用三号仿宋体字标注出席人单位、姓名。

（二）公文的行文规则和要求

行文规则是公文运行中应遵循的规矩和法则。遵守行文规则，按章办文才能使公文在发文机关和受文机关之间正常运转，使之得到及时、有效的处理，发挥应有的作用。

1. "必要"和"效用"规则

行文应当确有必要，讲求实效，注重针对性和可操作性。

2. 协商一致规则

涉及多个部门职权范围内的事务，部门之间未协商一致的，不得向下行文；擅自行文的，上级单位或机构应当责令其纠正或者撤销。

3. 上行文规则

除上级单位或机构负责人直接交办事项外，不得以本单位或机构名义向上级机关负责人报送公文，不得以本级负责人名义向上级报送公文。

下级组织或机构的内设部门向上级主管部门请示、报告重大事项，应当经本级组织或机构同意或者授权，属于部门职权范围内的事项应直接报送上级主管部门。

4. 下行文规则

同一组织或机构的部门在各自职权范围内可以向下级的相关部门行文。例如，可以按"总公司个险销售部—分公司个险销售部—中心支公司个险销售部"的顺序行文。

单位或机构的办公室或行政管理部门根据本级单位或机构的授权，可以向下级单位或机构行文；需经单位或机构批准的具体事项，经单位或机构授权同意后可以由本级具体负责的职能部门向下行文，但文中须注明已经授权同意。

5. 非隶属关系行文规则

同一组织系统中的同级机关之间的平行关系，如同一级组织内各部门之间，企业集团的各分公司、各子公司之间；或者既不在同一组织系统又不在同一业务系统的单位之间，如总公司财务部与分公司行政部之间、省公安厅与市教育局之间。

不属于隶属关系的单位的行文一般用函，或用通知以及联合行文的方式处理问题。

6. 联合行文规则（同级不相隶属关系）

同级的单位或机构同级机关必要时可以联合行文，联合行文的内容必须涉及两个或两个以上单位或机构的职权范围。一个单位或机构职权范围内可以解决的问题，不必要求其他单位或机构联合行文。

相隶属的单位或机构之间不能联合行文，如总公司人力资源部不得与分公司人力资源部联合行文。联合行文必须明确主办部门。

7. 抄送规则

受双重领导的单位或机构向上一级单位或机构行文，必要时应当抄送另一个上级单位或机构。上行文有利于上级单位或机构及时掌握下级单位或机构的有关情况、统管全局，防止各自为政。

向上级单位或机构行文时，原则上主送一个上级单位或机构，根据需要同时抄送其他相关上级和同级单位或机构，不抄送下级单位或机构。对下级单位或机构抄送的重要行文，上级单位或机构必须认真处理，经审查发现有不符合有关法律和政策规定的，应责令下级单位或机构予以纠正，或行使职权予以撤销，可防止政出多门、各自为政，避免工作混乱。

上级单位或机构向受双重领导的下级单位或机构行文，必要时抄送该下级单位或机构的另一个上级机关。下行文有利于增进了解、协调工作，避免重复行文。

向下级单位或机构行文时，主送受理单位或机构，根据需要抄送相关单位或机构。重要行文应当同时抄送发文机关的直接上级单位或机构。下行文有利于各级单位或机构更好地领导和监督，维护政令统一。

8. 职权范围规则

公文的行文规则需按照单位、组织及其所属部门的职权范围要求进行设定。凡属专门部门职权范围内的事项，应由部门行文，不应由组织代办，造成越权。

单位或机构对外的正式行文，一般由该单位或机构内设的办公厅（室）或负责行政管理事务的部门负责，内设部门不得以自己的名义对外行文。

单位或机构内部，上级各部门一般不得向下一级部门正式行文，如需行文，用"函"的形式，且要慎重。

第二节
常用公文写作要点与范例

一、通知

通知是向特定受文对象告知或转达有关事项或文件，让受文对象知道或执行的公文。

同时，通知也适用于批转下级机关的公文、转发上级机关和不相隶属机关的公文，通知的发布内容是传达要求下级机关办理和有关单位需要周知或共同执行的事项。

（一）通知的特点

一般而言，通知具有以下几个特点。

1. 通知具有多样性的功能。通知可以用来传达指示、布置工作、发布规章、批转或转发文件、任免干部等。通知具有下行文的特点，在具有隶属关系的系统内自上而下地发布，带有指示性和指导性。需要平级行文时，可采用抄送的方式。通知不可用于上行文。

2. 通知既可以普遍告知，也可以特定告之。

3. 通知的内容一般简明扼要，篇幅不会很长。

4. 一般情况下，通知都有主送机关，受理对象明确，但任免通知可以没有主送机关。

（二）通知的写作

1. 通知的标题

通知的标题一般采用公文标题的常规写法，由发文机关、主要内容和文种组成，如《中共中央办公厅、国务院办公厅关于严禁用公费变相出国（境）旅游的通知》。通知的标题也可以省略发文机关，由主要内容、文种组成标题，如《关于印发〈规范国有土地租赁若干意见〉的通知》。

发布规章的通知，所发布的规章名称要出现在标题的主要内容部分，并使用书名号。批转和转发文件的通知，所转发的文件内容要出现在标题中，但不一定使用书名号，如《国务院办公厅转发教育部等部门关于进一步加快高等学校后勤社会化改革意见的通知》。

2. 通知的主送机关

通知的发文对象比较广泛，因此，主送机关较多，由于级别、名称不同，主送机关的称法和排列非常复杂。所以，标注主送机关时要注意排列的规范性。

3. 通知的正文

（1）通知缘由。发布指示、安排工作的通知，其写法跟决定、指示很接近，主要用来表述有关背景、根据、目的、意义等。

晓谕性的通知也可参照上述写法。可以采用根据与目的相结合的开头方式，如《国务院关于更改新华通讯社香港分社、澳门分社名称问题的通知》；也可以采用以"为了"领起的"目的式"开头方式，如《国务院办公厅关于成立国家信息工作领导小组的通知》。

批转、转发文件的通知根据具体情况，可以在开头表述通知缘由，但多数以直接表达转发对象和转发决定为开头，无须说明通知缘由。

发布规章的通知多数情况是篇段合一，无明显的开头部分，一般也不交代通知缘由。

（2）通知事项。这是通知的主体部分，所要安排的工作、指示，提出的方法、措施和步骤等都在这一部分中有条不紊地进行组织和表达。内容复杂的，可以采取分条列款的方式来进行细说。

晓谕性通知有时需要列出新成立组织的成员名单，以及改变名称或隶属关系之后职权的变动等信息。

（3）执行要求。发布指示、安排工作的通知可以在结尾处提出贯彻执行通知的有关要求。如果没有相关事宜，可以不写这一部分。

其他篇幅短小的通知，一般不需要有专门的结尾部分。

（三）常见通知种类及范例

1. 事务性通知

事务性通知用于处理日常工作中带有事务性的事情，常把有关信息或者要求用通知的形式传达给有关机构或群众。比较常见的有开会通知、放假通知、缴费通知等。

范例：事务性通知[①]

关于启用短信服务平台的通知

各公积金缴存职工：

为进一步提升公积金信息化服务水平，为职工提供更优质服务，我中心决定启用短信服务平台，短信服务号码为106575551210，用于通知公积金提取、公积金贷款、公积金结息等事项，暂时启用"公积金贷款中心审批通知"，其他通知功能将陆续开通。

特此通知。

××市住房公积金管理中心
2017年3月15日

2. 批转性通知

批转是指"批准、转发"，带有指示性和指导性，在上级机关转发下级机关公文时使用。如下级机关的总结、报告等对全局有指导意义，批转后推动工

---

① 关于本书公文范例格式的说明：因排版需要，本书所引用的公文范例未完全按照标准格式编排，正式公文的格式请以《党政机关公文处理工作条例》及国家标准之规定为准。在此统一说明，后文不再标注。

作；下级机关的建议、意见经过上级机关转发后，就代表了上级机关的意见，具有了效力。

范例：批转性通知

国务院批转国家发展改革委
关于2017年深化经济体制改革重点工作意见的通知

国发〔2017〕27号

各省、自治区、直辖市人民政府，国务院各部委、各直属机构：

国务院同意国家发展改革委《关于2017年深化经济体制改革重点工作的意见》，现转发给你们，请认真贯彻执行。

国务院
2017年4月13日

（此件公开发布）

关于2017年深化经济体制改革重点工作的意见

国家发展改革委

2017年是实施"十三五"规划的重要一年，是供给侧结构性改革的深化之年，做好全年经济体制改革工作意义重大。根据中央全面深化改革领导小组年度重点工作安排和《政府工作报告》部署，现就2017年深化经济体制改革重点工作提出以下意见。

一、总体要求（略）

二、以供给侧结构性改革为主线持续深化经济体制改革（略）

三、深化"放管服"改革（略）

四、深入推进国企国资改革（略）

五、加强产权保护制度建设（略）

六、深化财税体制改革（略）

七、推进金融体制改革（略）

八、完善城乡发展一体化体制机制（略）

九、健全创新驱动发展体制机制

十、加快构建开放型经济新体制（略）

十一、大力推进社会体制改革（略）

十二、深化生态文明体制改革（略）

十三、加强改革任务落实和总结评估（略）

附件：2017年经济体制改革重点任务分工表（略）

3. 转发性通知

转发性通知用于转发上级机关和不相隶属机关的公文给所属人员，让他们周知或执行。

范例：转发性通知

中国保监会办公厅关于转发
《非居民金融账户涉税信息报送规范》的通知

保监厅发〔2018〕2号

各保险集团（控股）公司、保险公司、保险资产管理公司、相互保险社：

现将《国家税务总局办公厅 银监会办公厅 证监会办公厅 保监会办公厅关于印发〈非居民金融账户涉税信息报送规范〉的通知》（税总办发〔2017〕164号）转发给你们，请遵照执行。

中国保监会办公厅
2018年1月24日

4. 指示性通知

指示性通知用于上级机关指示下级机关如何开展工作。该类通知的内容具有指示性或指导性，要求下级机关贯彻落实。这类通知在写作时要注意：一是要写清楚通知的原因、依据、意义、目的；二是要写清楚应知或应办事项，如交代任务、政策措施、具体办法和应该注意的事项；三是要条理层次清楚。

> 范例：指示性通知

中国保监会关于调整部分地区商业车险
自主定价范围的通知

保监财险〔2018〕61号

各财产保险公司：

根据《中国保监会关于深化商业车险条款费率管理制度改革的意见》（保监发〔2015〕18号），更好地发挥市场在资源配置中的决定性作用，现就调整部分地区商业车险自主定价范围有关事宜通知如下：

财产保险公司使用中国保险行业协会机动车商业保险示范条款的，可依据相关法律法规要求，在以下范围内拟订商业车险自主核保系数、自主渠道系数费率调整方案，报经中国保监会批准后使用：

（内容略）

本通知未尽事宜，参照《中国保监会关于商业车险费率调整及管理等有关问题的通知》（保监产险〔2017〕145号）有关要求执行。

本通知自发布之日起实施。

中国保监会

2018年3月8日

二、请示

请示是下级机关向上级机关请求对某项工作、问题作出指示，对某项政策界限给予明确，对某事予以审核批准时使用的请求性公文。

（一）请示的特点

请示具有如下几个特点。

1. 呈请性。请示是向上级机关请求指示和批准的公文，具有请求性。

2. 求复性。请示目的是请求上级批准，要求作出答复，有请必复。

3. 超前性。请示须事前行文。

4. 单一性。请示要求一文一事，一般只写一个主送机关，即使需要同时送其他机关，也只能用抄送形式。

（二）请示的写作

请示一般包括标题、主送机关、正文、落款和日期几部分。

1. 标题

（1）发文机关+事由+文种，如《公安部　民航部关于简化购买国内飞机票手续问题的请示》。

（2）事由+文种，如《关于交通肇事是否给予被害家属抚恤问题的请示》《关于建立中国工程院有关问题的请示》。不可只写文种。

2. 主送机关

主送机关只有一个，即直接上级机关。受双重领导的机关在报送请示时，可同时抄送另一领导机关。

3. 正文

请示的正文一般由请示缘由、请示事项、结语几部分组成。

（1）请示缘由。请示缘由用来说明请示的原因，突出请示的必要性和迫切性。作为请示的重点，理由要充分。其说明可以以"现将就……问题请示如下"的形式来进行详细阐述。

（2）请示事项。请示事项是请求上级机关批准或指示的具体事项。事项要明确，条理要清楚，要符合法规、实际，并具有可行性和可操作性。

（3）结语。结语即提出批复请求。此部分行文要谦和有礼、大方得体。常用的表达方式有"以上请示，请批复（审批）""以上请示如无不妥，请批准"或"妥否，请批复"。

4. 落款和日期

落款和日期主要包括发文机关名称、成文日期以及印章。标题如有发文机关名称，落款可省略。

5. 请示的写作注意事项

（1）一文一事，不要一文多事。一份请示只能写一件事、一个问题。如一文多事，则会贻误工作。

（2）只能有一个主送机关，不得多头请示。

（3）一般不能越级请示，要逐级请示。遇特殊情况必须越级行文时，则应抄送越过的直接上级机关。

（4）不要同时上报下发。在上级机关答复前，不得抄送下级机关。

（5）不能事后请示，必须事前行文。

（6）不直接送领导个人。

（7）缘由充分，要求合理。理由要充分，体现请示的必要性；要求要合理，方便上级机关批复，促使问题及时解决。

（8）语言简明，语气得体。语言要简明扼要，以便突出重点、引起重视。语气要谦恭、委婉。

（三）常见请示的种类和范例

根据不同内容和写作意图，可以将请示分为三类，即请求指示的请示、请求批准的请示和请求批转的请示。

1. 请求指示的请示

请求指示的请示一般是政策性请示，是下级机关需要上级机关对原有政策规定作出明确解释，对变通处理的问题作出审查认定，对如何处理新情况、新问题或突发事件作出明确指示等请示。

范例：请求指示的请示

关于干部选拔任用工作有关问题的请示

市人力资源和社会保障局：

为深入贯彻实施《干部任用条例》，选拔优秀人才，根据工作需要及职位空缺情况，2014年12月，我局在全系统内通过无记名投票的方式民主推荐产生了一批科级干部，目前，这批干部已陆续完成了考察、任命等程序并充实到各基层单位，极大地调动全体干部职工的工作热情，现仍有市国土资源信息中心副主任职位空缺，因拟任人选的学历问题暂未任命，现将有关情况请示如下。

一、选拔情况

根据职位空缺情况……经市局党组考察，并经局党组会议研究，确定××同志为市国土资源信息中心副主任拟任人选。

二、××同志基本情况（略）

三、我局意见

我局认为，选拔干部群众公认要德才兼备，不仅要有政治素养，更要有业务政绩及工作能力。××同志参加工作十多年来，经过多个岗位的锻炼，业务娴熟能力突出……鉴于其通过民主推荐产生，为激发干部工作热情，××同志虽为中专学历，但完全能胜任市国土资源信息中心副主任职位，请求贵局给予其破格任命。

妥否，盼复。

××市国土资源局

2015年10月12日

2. 请求批准的请示

此类请示是下级机关针对某些具体事宜向上级机关请求批准的请示，主要目的是解决某些实际困难和具体问题。

范例：请求批准的请示

关于增加办公用房的请示

嘉政法〔2015〕4号

市机关事务管理局：

近年来，市委政法委人员编制不断增加，我委机关行政编制24人、岗位合同工1人，经有关部门同意，聘用执法监督员2人、市铁路护路办公室借用1人，目前在委机关办公的人员为28人（其中处级以上领导8人）。本委机关现有办公室18间，除去处级领导的8间办公室外，20名科以下人员使用10间办公室（面积均在20平方米以下），且有三间办公室仅有11平方米，无法摆放两套办公桌椅，因此有三间不足20平方米的办公室每间安排3人办公，导致两个处室共用一间办公室，无法配备文件柜等基本办公设备，文件资料无法保存，影响工作开展。

根据市清房整改文件规定，本单位办公室使用面积标准为321平方米，实有使用面积仅292.72平方米，特申请增加办公用房两间，以满足基本的办公条件。请予批准为谢！

妥否，请示！

中共××市委政法委员会

2015年5月11日

3. 请求批转的请示

下级机关就某一涉及面广的事项提出处理意见和办法，需各有关方面协同办理，但按规定又不能指令平行机关或不相隶属部门办理，需上级机关审定后批转执行，这样的请示就属于此类。

范例：请求批转的请示

关于解决用餐问题的请示

×农〔2017〕148号

××市人民政府：

根据××市农村土地承包经营权确权办公室的通知要求，将于11月14日上午9时在我市召开农村土地确权有关"祖公地"问题处理宣传动员会。请市政府协调相关单位解决由省确权办常务副主任、省农业厅副厅长和湛江市委常委、市政府党组成员带队的参会人员（共30人）的11月13日晚上用餐问题，并给予解决参会人员共60人的11月14日中午用餐问题。

以上请示，请批复。

××市农业局
2017年11月13日

三、批复

批复是机关应用写作活动中的一种常用公务文书。

批复是上级机关答复下级机关某一请示时使用的公文，是与请示配合使用的下行文。先有下级的请示，后才有上级的批复。有请必复，一事一批。批复只有在上级机关答复下级请示时才使用，答复同级和不相隶属机关的询问只能用函，不能用批复。

（一）批复的特点

1. 权威性

批复传达的是上级机关的结论性意见，具有法定权威性，代表上级机关的权力和意志，下级机关必须严格贯彻执行，不得违背。

2. 针对性

上级批复只针对下级的请示而制发，行文方向有针对性。批复内容应针对请示内容，下级请示什么问题，上级就回答什么问题。谁请示就给谁批复，请示什么就批复什么。

3. 指示性

批复的目的是指导下级机关的工作，先表明态度，再概括说明方针、政策及执行要求。

（二）批复的写作

批复一般由标题、主送机关、正文和落款构成。

1. 标题

标题的写法最常见的是完全式的标题，即由发文机关、事由和文种构成。在事由中一般将下级机关及请示的事由和问题写进去。还有一种完全式的标题是"发文机关+表态词+请示事项+文种"，这种标题较为简明、全面和常用。也有的批复只写事和文种。

2. 主送机关

主送机关一般只有一个，是报送请示的下级机关。其位置同一般行政公文，写于标题之下、正文之前，左起顶格。批复不能越级行文，当所请示的机关不能答复下级机关的问题而需要向更上一级机关转报"请示"时，更上一级机关所做批复的主机关不应是原请示机关，而是"转报机关"。如果批复的内容同时涉及其他的机关和单位，则要采用抄送的形式送达。

3. 正文

正文一般由引述语、批复内容、提出要求和结语组成。

（1）引述语。引述下级来文的标题、发文字号，加上"收悉"。如"你省《关于××的请示》（××〔2007〕5号）收悉"，惯用"经研究，现批复如下"。

（2）批复内容。针对请示事项给予明确答复或指示，表明同意或不同意的态度。如事项较多，则分条列项写出。批复分三种意见：完全同意、基本同意、不同意。

（3）提出要求。提出具体处理意见、希望或要求。

（4）结语。惯用语包括"此复""特此批复""此复，希执行"等结语。有的省去惯用语。

4.落款（批复机关名称、成文日期、印章落款）

根据要求，这部分写在批复正文右下方，署成文日期并加盖公章，成文日期用阿拉伯数字表示。

批复既是上级机关指示性、政策性较强的公文，又是对下级机关请求指示、批准的答复性公文。因此，撰写批复要慎重及时，根据现行政策法令及办事准则，及时给予答复。撰写时，不管同意与否，批复意见必须十分清楚明白，态度明朗。不能含糊其辞、模棱两可，以免下级机关无所适从。

同时，批复必须有针对性地一文一批复，请示要求解决什么问题，批复就答复什么问题。

（三）常见批复的种类和范例

1.指示性批复

指示性批复是指在审批某一问题时，先明确答复请示事项，再进一步提出指示性意见，要求下级机关执行，篇幅较长。

范例：指示性批复

最高人民法院关于人身安全保护令案件相关程序问题的批复

法释〔2016〕15号

北京市高级人民法院：

你院《关于人身安全保护令案件相关程序问题的请示》（京高法〔2016〕45号）收悉。经研究，批复如下：

一、关于人身安全保护令案件是否收取诉讼费的问题。同意你院倾向性意见，即向人民法院申请人身安全保护令，不收取诉讼费用。

二、关于申请人身安全保护令是否需要提供担保的问题。（略）

三、关于人身安全保护令案件适用程序等问题。（略）

四、关于复议问题。（略）

此复。

最高人民法院
2016年7月11日

2. 表态性批复

表态性批复用于回答请求批准的请示，表明同意或不同意。内容单一，以"表态"为主要内容，主要表明态度，不涉及其他问题。也可以在表态之后，提出贯彻执行要求。

范例：表态性批复

关于不同意余干和爱医院备案的批复

×卫医字〔2017〕62号

××市卫生计生委：

你委《关于设置余干和爱医院（二级精神病专科医院）的备案报告》收悉，余干和爱医院设置不符合《医疗机构管理条例》第八条规定。按照《医疗机构管理条例实施细则》第二十条、第二十一条规定，经研究，不同意余干和爱医院备案。

此复。

省卫生计生委
2017年4月7日

四、报告

报告适用于向上级机关汇报工作、反映情况，回复上级机关的询问。由此可见，作为公文的报告一般都是上行文。

（一）报告的特点

1. 内容的汇报性

一切报告都是下级向上级汇报工作，让上级机关掌握基本情况并及时对自己的工作进行指导，所以，汇报性是报告的一大特点。

2. 语言的陈述性

因为报告具有汇报性，是向上级讲述具体的工作内容，或工作是怎样做的，有什么经验、情况、体会，存在什么问题，今后有什么打算或者是对领导有什么意见、建议，所以，行文上一般都使用叙述方法，即陈述其事实。语言具有陈述性是报告的又一特点。

3. 行文的单向性

报告是下级机关向上级机关行文，是为上级机关进行宏观领导提供依据，一般不需要受文机关的批复，属于单向行文。

4. 成文的事后性

多数报告都是在事情做完或发生后，向上级机关作出汇报，是事后或事中行文。

5. 双向的沟通性

报告虽不需要批复，却是下级机关以此取得上级机关的支持和指导的桥梁；同时，上级机关也能通过报告获得信息、了解下情，报告成为上级机关决策指导和协调工作的依据。

（二）报告的写作

报告的结构一般包括标题、主送机关、正文、结语、落款和日期几部分。

1. 标题

报告的标题一般有两种形式，具体的结构如下。

（1）发文机关+事由+文种。例如，《水利部关于加强防洪工作的报告》《中共××市委关于召开市委六届七次全会情况的报告》《××县人民政府办公室关于进一步清理兑现农民工工资工作情况的报告》。

（2）事由+文种。例如，《关于加强素质教育的报告》《关于我省女大学生就业情况的报告》。

2. 主送机关

报告的主送机关只有一个直接上级机关。

3. 正文

（1）报告缘由。交代报告的目的、根据、意义或原因，概述基本内容或基本情况。例如，"现将……情况报告如下"。

（2）报告事项。说明具体情况，总结成功经验，指出存在的问题，提出解决办法、改进措施及今后的工作设想。内容较多的报告，可分条列项，由主至次排列。

4. 结语

用简明的文字概括全文，或使用惯用语结束全文。例如，"请审核""请查收""以上报告，如无不当，请批转有关单位执行""特此报告"等，不宜写"以上报告，请指示"等语句。

5. 落款和日期

包括发文机关名称、成文日期、印章。标题如有发文机关名称，落款中可省略。

（三）报告写作的注意事项

报告的主题要新颖，要善于发现新的、有价值的材料，分析取舍材料，提炼新观点、新主题。

报告不能夹带请示事项。报告不需要批复，报告中夹带请示事项，会给上级机关带来不便，容易贻误工作。

陈述事实时要做到叙述简明扼要。以汇报工作为主时，应该做到突出重点，把主要的事实讲清楚。但讲清楚事实并不意味着把具体的情形写得太烦琐，这就要求写作的时候具有较强的总结能力。

观点的表达要精练清晰。报告中需要表达报告者观点、需要对自我进行评价、对今后工作提出建议或是意见的时候，需要以阐述事实为主。报告中涉及观点的地方，必须做到精练清晰，即意见要明确，不能吞吞吐吐或是含含糊糊，要做到言简意赅，不能说空话或是废话，并且每一条意见都必须切实可行。

语言要简洁朴实。报告的目的是向上级报告工作，所以在写作过程中必须做到实事求是，不可夸大或隐瞒事实，不可报喜不报忧，也不可过分强调困难。要做到有一说一、有二说二，减少花哨的形容词以及含混不清或过于灵活的概念的使用。

报告的格式比较简单。标题多由事由和文种组成，常用的形式为"关于……的报告"。正文之前通常写受文单位，正文之后署发文单位和日期。

（四）常见报告种类和范例

1. 汇报性报告

汇报性报告主要是下级向上级汇报工作、反映情况的报告，一般分为两类。

一是综合报告，是指本单位工作到一定的阶段，就工作的全面情况向上级写的汇报性报告。其内容大体包括工作进展情况、成绩或问题、经验或教训以及对今后工作的意见或建议。这种报告的特点是全面、概括、精练。

二是专题报告，主要是针对某项工作中的某个问题向上级所写的汇报性报告。

2. 答复性报告

答复性报告是针对上级或管理者所提出的某些要求或问题而作出的。这种报告要求上级或对方问什么，就答复什么，不涉及询问以外的情况。

范例：报告

关于市政府专题会议纪要（2017年2月27日第30期）
决定事项落实情况的报告

市人民政府办公厅：

现将市政府专题会议纪要（2017年2月27日第30期）决定事项中，我局负责协调的贺丰公路改造提升项目、亲水大街北延伸工程建设有关事宜的落实情况随文报送，请审阅。

一、贺丰公路改造提升项目

2017年2月14日，我局会同市规划局进行了现场踏勘，经与××区建设交通局对接，早在2014年初××区建设交通局已启动了项目前期工作，2015年7月，完成了该道路两侧路灯安装工程招投标工作。为确保路灯安装与道路改扩建工作相衔接，建议道路改扩建工程由××区建设交通局负责实施，我局将在申请自治区交通运输厅资金补贴、××市农村公路资金补贴方面给予支持。3月3日，××区建设交通局完成了项目报批工作，目前，正在办理项目施工图批复、用地预审及招投标工作。

二、亲水大街北延伸工程

市规划局对该项目线位进行了初步规划，但线位不符合××市综合交通运输发展"十三五"规划，且线位占用银川市基本农田。目前，银川市土地调规工作已完成，至2020年前已无调规可能，项目暂无建设条件。经现场踏勘，建议暂利用艾依河西东侧河堤路，通过在艾依河上新建或改造现有桥梁，满足居民出行要求，待条件成熟后，再实施该项目。

××市交通运输局
2017年3月16日

五、函

函作为公文中的一种平行文种，在现实中适用的范围相当广泛。

在行文方向上，函不仅可以在平行机关之间行文，而且可以在不相隶属的机关之间行文，其中包括上级机关或者下级机关行文。

在适用的内容方面，函除了主要用于不相隶属机关相互商洽工作、询问和答复问题外，也可以向有关主管部门请求批准事项，向上级机关询问具体事项。

此外，函还可以用于上级机关答复下级机关的询问或请求批准事项，以及上级机关催办下级机关有关事宜，例如要求下级机关函报报表、材料、统计数字等。

函有时还可用于上级机关对某个原发文件做较小的补充或更正。不过，这种情况并不多见。

（一）函的特点

1. 沟通性

函对于不相隶属机关之间相互商洽工作、询问和答复问题起着沟通作用，充分显示平行文种的功能,这是其他公文所不具备的特点。

2. 灵活性

一是行文关系灵活。函是平行公文,但是它除了平行行文外,还可以向上行文或向下行文,没有其他文种那样严格的特殊行文关系的限制。

二是格式灵活。除了国家高级机关的主要函必须按照公文的格式、行文要求行文外,其他一般函比较灵活自由,也可以按照公文的格式及行文要求办。可以有文头版,也可以没有文头版,不编发文字号,甚至可以不拟标题。

3. 单一性

函的篇幅短小,内容单一,语言简洁,写作程序简易,被称为公文的"轻骑兵"。

(二)函的写作

函主要包括标题、主送机关、正文、结语、落款和日期几个部分。

1. 标题

(1)发文机关+事由+文种。例如,《国务院办公厅关于××问题的函》《××省人民政府关于要求免税进口物资的函》。

(2)事由+文种。例如,《关于请求××市节约能源中心编制的函》《关于××商厦准备安全保卫工作经验材料的函》。

(3)复函的标题中要标明"复函",还可加回复对象。例如,《国务院办公厅关于同意在"中国藏学研究珠峰奖"获奖证书上使用国徽图案的复函》《国务院办公厅关于悬挂国徽等问题给湖北省人民政府的复函》。

2. 主送机关

函的主送机关即收函机关,一般只有一个,也存在有多个的可能。复函的主送机关就是来函的发文机关。

3. 正文

(1)发函缘由。开头简要写明发函的根据、目的以及原因。复函则先用一句话引述对方来函的标题(或主要内容)、发文字号,再交代根据、原因,并说明函已收悉。一般常用的语句包括"现将有关情况说明如下""现就有关问题函复如下"等。

（2）事项。函中要具体写明所商洽、询问、告知或请求批准的事项，内容较多的可以分条款写。复函要针对来函事项给予明确的答复。

（3）希望要求。希望要求一般包括提出具体处理意见、希望或要求。

4. 结语

去函的结语惯用语一般包括"特此函达""请即复函""敬请回函""务希见复""请研究后回复"等。复函的结语惯用语一般包括"特此复函""特此函告""此复"等。有的只提要求，没有结语。

5. 落款和日期

函的落款和日期一般包括发函机关名称、成文日期以及印章。

（三）常见函的范例

范例：商洽事宜函

关于建立长期合作关系的函

燕岭颐养院：

　　4月24日，我院青年志愿者协会组织成员到贵院进行探访，双方留下了很好的印象，取得了很好的效果。为了使我院青年志愿者协会成员体验更多的志愿者服务，使他们与长者们得到更多的交流，让协会志愿者学会感恩与关爱，希望贵院能与我院青年志愿者协会建立长期合作关系，现制订合作计划如下：

一、我院青协会将组织成员每月一次赴贵院进行探访。

二、每次的探访活动人数拟定为25~30人。

三、我院青协会探访活动的具体内容与细节将依据贵院要求安排。

如蒙贵院同意，我院青协会将与贵院有关人员就合作细节深入研究。

特此函达。

××学院青年志愿者协会
2010年5月11日

范例：答复事宜函

国家发展改革委办公厅关于同意长安标致雪铁龙汽车有限公司增资的复函

发改办产业〔2018〕345号

中国兵器装备集团公司：

报来《关于长安标致雪铁龙汽车有限公司申请增加注册资本的请示》（兵装计〔2018〕4号）收悉。经研究，现函复如下。

根据《汽车产业发展政策》《外商投资产业指导目录（2017年修订）》相关规定，同意长安标致雪铁龙汽车有限公司中外双方股东同股比50：50以现金方式共同增资36亿元人民币。

请长安标致雪铁龙汽车有限公司按照上报方案，积极发展新能源汽车，生产重庆长安汽车股份有限公司长安自主品牌乘用车产品，提高企业市场竞争力和可持续发展能力。

特此函复。

国家发展改革委办公厅
2018年3月19日

范例：邀请函

邀请函

××县水务局：

我委定于2016年9月30日（星期五）上午在××市××区××路83号××酒店召开《××旅游度假区××路工程水土保持方案报告书》评审会，敬请贵单位派人前来参加指导为盼。

此函。

××县××旅游度假区管理委员会
2016年9月28日

六、纪要

纪要是用于记载、传达会议情况和议定事项的公文,也称会议纪要,对企事业单位、机关团体都适用。

会议纪要不同于会议记录,二者是两个不同的概念,区别十分明显。从应用写作和文字处理的角度来探析,二者截然不同。会议纪要是一种法定的公务文书,其撰写与制作属于应用写作和公文处理的范畴,必须遵循应用写作的一般规律,严格按照公文制发处理程序办事。会议记录则只是办公部门的一项业务工作,属于管理服务的范畴,它只需忠实地记载会议实况,保证记录的原始性、完整性和准确性即可,其记录活动同严格意义上的公文写作完全是两码事。二者在载体样式、称谓用语、适用对象、分类方法、内容重点等诸多方面都有明显区别。

(一)纪要的特点

1. 纪实性

会议纪要必须是会议宗旨、基本精神和所议定事项的概要纪实,不能随意增减和更改内容,任何不真实的材料都不得写进会议纪要。

2. 条理性

会议纪要应对会议精神和议定事项分类别、分层次予以归纳、概括,使之眉目清晰、条理清楚。

3. 概括性

会议纪要必须取其髓,概其要,以极为简洁精练的文字高度概括会议的内容和结论。会议纪要既要反映与会者的一致意见,又可兼顾个别同志有价值的看法。有的会议纪要还要包含一定的分析、说理。

(二)纪要的写作

会议纪要的格式内容包括四个方面。

1. 标题

会议纪要的标题有两种格式。

一是"会议名称+纪要",也就是在"纪要"两个字前写上会议名称,如《全国财贸工会工作会议纪要》《吉林省工商行政管理局长会议纪要》。会议名称可以写简称,也可以用开会地点作为会议名称,如《京、津、沪、穗、汉五大城市治安座谈会纪要》《郑州会议纪要》。

二是把会议的主要内容在标题里揭示出来,类似于文件标题式。如《关于加强纪检工作座谈会纪要》《关于落实省委领导同志批示保护省级文物七级浮屠塔问题的会议纪要》。

2. 导言

导言部分主要介绍会议召开的基本情况,如时间、地点、与会者、讨论的问题。其中,简要介绍会议概况的内容可以包括会议召开的形势和背景,会议的指导思想和目的要求,会议的名称、时间、地点、与会者、主持者,会议的主要议题或解决什么问题,对会议的评价。

3. 文号格式

文号写在标题的正下方,由年份、序号组成,用阿拉伯数字全称标出,并用"〔 〕"括入,如〔2014〕67号。办公会议纪要对文号一般不做强硬的要求,但是在办公例会中一般要有文号,如"第××期""第××次",写在标题的正下方。

4. 制文时间

会议纪要的时间可以写在标题的下方,也可以写在正文的右下方主办单位的下面,要用阿拉伯数字写明年、月、日,如"2014年8月16日"。

5. 正文

它是纪要的主体部分,对会议的主要内容、主要精神、主要原则以及基本结论和今后的任务等进行具体的综合和阐述。

怎样才能写好正文部分?要掌握会议纪要的写作要领与方法,应当注重以下几点。

(1)要从会议的客观实际出发,从会议的具体内容出发,抓中心,抓要点。抓中心就是抓住会议中心思想、中心问题、中心工作；所谓要点，就是会议的主要内容，要对此进行条理化的纪要。

（2）会议纪要是以整个会议的名义表述的，因此，必须概括会议的共同决定，反映会议的全貌。凡没有形成一致意见的问题，则需要分别论述并写明分歧所在。

（3）为了叙述方便，眉目清楚，常用"会议认为""会议强调"。"会议指出""与会人员一致表示"等词语，作为段落的开头语。也有用在段中的，仍起强调作用。

（4）若属于介绍性文字，笔者可以灵活自由叙述；若属于引用性文字，必须忠实于发言原意，不能篡改，也不可强加于人。

（5）小型会议侧重于综合会议发言和讨论情况，并要列出决议的事项。大型会议内容较多，正文可以分几部分来写。常见的有三种：一是概括叙述式，二是分列标题式，三是发言记录式。

6. 会议的成果及议定的事项

会议的成果及议定的事项应在此逐项列出。

7. 结尾

会议纪要结尾的一般写法是提出号召和希望，但要根据会议的内容和纪要的要求，有的是以会议名义向本地区或本系统发出号召，要求广大干部认真贯彻执行会议精神，夺取新的胜利；有的是突出强调贯彻落实会议精神的关键问题，指出核心问题；有的是对会议作出简要评价，总结并提出希望和要求。

（三）纪要的范例

范例：会议纪要

市政府第4次常务会议纪要

5月27日上午，市长××在××会议室主持召开市政府第4次常务会议。会议集中学习了《××省自然灾害救助办法》，研究讨论了××市人民政府工作规则、××市招商引资优惠政策指导意见（试行）、2017年度全市招商引资项目信息源工作考核实施细则（试行），听取了关于××体育小镇片区开发建设项目采用PPP模式实施的情况汇报、关于××综合物流园产业基金的情况汇报、关于××××基金总部迁址的情况汇报。现纪要如下：

一、关于《××省自然灾害救助办法》

（略）

二、关于××市人民政府工作规则

（略）

三、关于××市招商引资优惠政策指导意见（试行）

（略）

四、关于2017年度全市招商引资项目信息源工作考核实施细则（试行）

（略）

五、关于××体育小镇片区开发建设项目采用PPP模式

（略）

六、关于××综合物流园产业基金

（略）

七、关于××××基金总部迁址

（略）

出席：×××　×××　×××
　　　×××　×××　×××
列席：×××　×××　×××
请假：×××　×××

七、决定

发文主体对某些重要事项或重大行动作出安排时所使用的文种叫决定。应当注意的是，用决定来安排的行动必须是"重大的"，所处理的事项必须是"重要的"，而布置和处理一般的日常工作就不适宜使用这种文种。

（一）决定的特点和适用范围

决定适用于对重要事项作出决策和部署、奖惩有关单位和人员、变更或者撤销下级机关不适当的决策事项。

决定用一句很简单的话来概括即决而定之。决定比较集中地体现上级领导机关对重要事项或重大行动的决策，具有较强的针对性、政策性和强制性，是指导下级机关工作的准则。

决定有以下五个特点。

1. 严肃性

决定对重要事项作出安排，下级机关必须认真执行，不能随意改变执行。

2. 针对性

决定是根据现实问题作出的安排、部署和决策。

3. 强制性

下行文，由党政机关制发，要求下级机关无条件贯彻执行。决定的强制性仅次于命令，具有较强的行政约束力。

4. 指导性

决定集中体现了上级领导机关对重要事项的决策，具有较强的理论性、政策性，是指导下级机关的工作准则。

5. 稳定性

决定要求相当长时间贯彻执行，并在相当长时间内发挥作用。

（二）决定的写作

1. 标题

决定的标题一般要求发文机关名称、事由和文种三要素俱全。如《×××公司关于××××工作的决定》。会议通过的决定通常在标题下用圆括号注明"××××年××月××日××会议通过"字样。其他的决定可将日期放在标题下，也可放在正文结束以后。

77

2. 主送机关

主送机关并非必写要素，可有可无。一般情况下，决定要写主送机关，但制发对象明确的，可省略主送机关。

3. 正文

正文包括开头、主体和结尾三部分，其相对应的内容为决定的依据、决定事项和执行要求。

（1）开头。开头部分简要说明发文缘由、依据、目的、意义，通常用"特作出如下决定："或"特决定如下："过渡到下文。

（2）主体。主体部分具体说明决定的事项。内容较多的，可用条文式写法。

（3）结尾。结尾提出执行要求，发出希望号召或说明有关事项。

4. 落款和成文日期

决定的落款由发文机关署名和成文日期，加盖印章构成。会议通过决定的时间通常采用题注形式，直接标注在标题之下，用圆括号括入。

（三）常见的决定种类和范例

1. 法规政策性决定

关于修改某项法规的决定、关于贯彻落实某一法律的决定、关于对某一领域犯罪行为进行专项打击的决定，都属于法规政策性决定。如《中国保险监督管理委员会关于修改〈中华人民共和国外资保险公司管理条例实施细则〉等四部规章的决定》。

这类决定是立法机关制定、修改、补充法律法规的一种形式。另外，国务院及其部委有依法制定、修改或补充行政法规的权力。行政法规主要使用条例、规定、办法或实施细则等名称。

法规政策性决定须在结尾注明施行日期。

范例：法规政策性决定

中国保险监督管理委员会令

2018年第4号

现公布《中国保险监督管理委员会关于修改〈中华人民共和国外资保险公司管理条例实施细则〉等四部规章的决定》，自公布之日起施行。

副主席　陈文辉
2018年2月13日

中国保险监督管理委员会关于修改
《中华人民共和国外资保险公司管理条例实施细则》等
四部规章的决定

为贯彻落实国务院关于清理规范行政审批中介服务事项的要求，中国保险监督管理委员会决定对《中华人民共和国外资保险公司管理条例实施细则》等四部规章的部分条款予以修改。

一、（略）

二、（略）

三、（略）

四、（略）

本决定自公布之日起施行。

《中华人民共和国外资保险公司管理条例实施细则》《外国保险机构驻华代表机构管理办法》《保险公司次级定期债务管理办法》《保险公司董事、监事和高级管理人员任职资格管理规定》根据本决定作相应修改，重新公布。

2. 重要事项决定

对重要事项或事关全局的重大行动作出的决定。如《×××关于×××问题的决定》《关于××××的决定》等。

内容复杂的用小标题或条款显示出层次，要提出具体的工作任务、措施、方案、要求。例如《中共中央关于建立社会主义市场经济体制若干问题的决定》，开头用几十个字总领："为贯彻落实党的第十四次全国代表大会提出的经济体制改革的任务，加快改革开放和社会主义现代化建设步伐，十四届中央委员会第三次全体会议讨论了关于建立社会主义市场经济体制的若干重大问题，并作出如下决定"，紧接着下面讲了10个问题，为清楚起见，又分为50个小问题，用序码标示。结尾部分，有的提出号召要求，也有的不写这一部分。

范例：重要事项决定

国务院关于机关事业单位工作人员
养老保险制度改革的决定

国发〔2015〕2号

各省、自治区、直辖市人民政府，国务院各部委、各直属机构：

按照党的十八大和十八届三中、四中全会精神，根据《中华人民共和国社会保险法》等相关规定，为统筹城乡社会保障体系建设，建立更加公平、可持续的养老保险制度，国务院决定改革机关事业单位工作人员养老保险制度。

一、改革的目标和基本原则。（略）

二、改革的范围。（略）

三、实行社会统筹与个人账户相结合的基本养老保险制度。（略）

四、改革基本养老金计发办法。（略）

五、建立基本养老金正常调整机制。（略）

六、加强基金管理和监督。（略）

七、做好养老保险关系转移接续工作。（略）

八、建立职业年金制度。（略）

九、建立健全确保养老金发放的筹资机制。（略）

十、逐步实行社会化管理服务。（略）

十一、提高社会保险经办管理水平。（略）

十二、加强组织领导。（略）

本决定自2014年10月1日起实施，已有规定与本决定不一致的，按照本决定执行。

附件：个人账户养老金计发月数表（略）

国务院
2015年1月3日

（此件公开发布）

3. 奖惩性决定

决定也可以对一些事迹突出、有典型意义的先进个人或集体进行表彰，或者对一些影响较大、群众关心的事故、错误进行处理。

奖惩性决定同用于奖惩的命令和通报作用接近，但层次规格不同。命令层次最高，决定的层次低于命令，但高于通报。

表彰性决定的内容一般由以下几个部分组成：（1）表彰对象的基本情况；（2）表彰的根据和原因；（3）表彰的决定；（4）提出希望、发出号召。

如《中共中央　国务院　中央军委关于授予杨利伟同志"航天英雄"荣誉称号并颁发"航天功勋奖章"的决定》，第一自然段对我国首次载人航天飞行获得圆满成功进行了介绍，对飞行员的突出贡献做了肯定；第二自然段分析了其意义并作出表彰决定；第三自然段向全党、全军和全国人民发出号召。

范例：奖惩性决定

关于表彰中国保监会系统青年五四奖章、青年文明号和青年岗位能手获得者的决定

保监团委字〔2014〕2号

保监会机关团委，各保监局团委：

为表彰、宣传先进典型，引导和激励广大青年干部立足本职岗位，在全面深化保险改革和促进行业持续健康发展中进一步发挥生力军作用，中国保监会团委决定，授予王祺等3名同志"中国保监会系统青年五四奖章"称号，授予保监会12378保险消费者投诉维权热线等7个集体"中国保监会系统青年文明号"称号，授予杨硕等31名同志"中国保监会系统青年岗位能手"称号。

王祺等3名同志是保监会系统广大青年监管干部的优秀代表，他们理想信念坚定，政治意识、大局意识和责任意识强，模范践行"为民监管、依法公正、科学审

慎、务实高效"的核心价值理念，在各自岗位上创造出了优异的业绩。他们爱岗敬业，求真务实，开拓创新，无私奉献，为青年监管干部作出了表率。

保监会12378保险消费者投诉维权热线等7个集体是保监会系统青年集体的优秀代表，他们组织和引导青年干部团结进取，扎实工作，恪尽职守，争创佳绩，展现了积极向上的精神风貌；创建活动能与业务工作、青年特点有机结合，取得了良好成效。

杨硕等31名同志是保监会系统广大青年干部的先进代表，他们具有良好的思想品德和职业素养，以强烈的事业心和责任感投身监管实践。他们脚踏实地，锐意进取，刻苦学习新知识，努力掌握新技能，不断在岗位实践中成长进步，文明、优质、高效地完成各项工作任务。

保监会系统各级团组织要积极宣传"青年五四奖章""青年文明号"和"青年岗位能手"的先进事迹，大力营造学习先进、争做先进、赶超先进的良好氛围。

希望受到表彰的个人和集体珍惜荣誉，谦虚谨慎，再接再厉，不断创造出更多无愧于时代的新业绩。全系统青年干部和青年集体要以他们为榜样，坚定理想信念、锤炼高尚品格，练就过硬本领、矢志艰苦奋斗，紧紧围绕"抓服务、严监管、防风险、促发展"的工作思路，振奋精神、开拓创新，在各自的工作岗位上不断作出新贡献，在全面推进保险业各项改革的实践中实现人生价值，贡献青春、智慧和力量！

附件：中国保监会系统青年五四奖章、青年文明号、青年岗位能手获得者名单（略）

中国保监会团委
2014年5月16日

八、公告

公告是行政公文的主要文种之一，它和通告都属于发布范围广泛的晓谕性文种。公告是向社会公开宣布本机构或组织重要事项或者法定事项时使用的公文。

公告主要有两种：一是宣布重要事项，如中国将在东海进行地对地导弹发射训练；二是宣布法定事项，如宣布某项法规或规章、宣布国家领导人选举结果。

（一）公告的特点

1. 发布范围的广泛性

公告是在组织或机构外，面向社会不特定的大多数人发布重要事项和法定事项的公文，其信息传达范围有时是全国，有时是全世界。例如，中国曾以公告的形式公布中国科学院院士名单，一方面确立他们在我国科学界学术带头人的地位，另一方面尽力为他们争取在国际科学界的地位。这样的公告肯定会在世界科学界产生一定的影响。中国有关部门还曾在《人民日报》上刊登公告，公布中国名酒和中国优质酒的品牌、商标和生产企业，以便消费者认清品牌。

2. 题材的重大性

公告的题材，必须是能在国际或国内产生一定影响的重要事项，或者依法必须向社会公布的法定事项。公告的内容庄重严肃，既要能够将有关信息和政策公之于众，又要考虑可能对组织或机构产生的影响。一般性的决定、指示、通知都不能用公告的形式发布，因为它们很难具有全国或国际性的意义。

3. 内容和传播方式的新闻性

公告还有一定的新闻性特点。所谓新闻，就是对新近发生的、群众关心的、应知而未知的事实的报道。公告的内容都是新近的、群众应知而未知的事项，在一定程度上具有新闻的特点。公告的发布形式也有新闻性特征。公告一般不用红头文件的方式传播，而是在报刊上公开刊登。

（二）公告的写作

公告的结构一般包含三部分内容，即标题、正文和结尾。

1. 标题

标题一般由三部分组成：公告标题、发文机关和文种。有时只标文种即可，标题如无发文机关名称则在结尾必须落款。

2. 正文

正文包括开头的原因，以及讲原因的目的；主体的事项和告知的内容，可以分条款写；最后是写结尾，写实施的期限、范围以及违反的后果等，或结尾只写结束用语，如"特此公告"等。

3. 结尾

结尾包括署名和日期。以机关名义发布的，如标题已有机关名，就不必署名了。

由于公告的接收面广，撰写时要注意：事理周密无漏洞，条理清楚不啰唆，语言通俗不鄙俚，文风严肃不做作。要做到易读、易懂、易知。

（三）常见公告种类和范例

1. 重要事项公告

凡是用来宣布有关本单位或机构各类需要告知全民的重要事项的，都属此类公告。

范例：重要事项公告

国家税务总局
关于开展个人税收递延型商业养老保险试点
有关征管问题的公告

国家税务总局公告 2018年第21号

为贯彻落实《财政部 税务总局 人力资源社会保障部 中国银行保险监督管理委员会 证监会关于开展个人税收递延型商业养老保险试点的通知》（财税〔2018〕22号，以下简称《通知》），现就个人税收递延型商业养老保险（以下简称"税延养老保险"）试点政策有关征管问题公告如下：

一、缴费税前扣除环节

（略）

二、领取商业养老金征税环节

（略）

三、施行时间

本公告自2018年5月1日起施行。

特此公告。

附件：个人税收递延型商业养老保险税前扣除情况明细表（略）

国家税务总局
2018年4月28日

2. 专业性公告

有一类公告是属于专业性的或是向特定对象发布的，如经济上的招标公告、按专利法规定公布申请专利的公告；也有按国家民事诉讼法规定，法院递交诉讼文书无法送达本人或代收人的，可以发布公告间接送达，是向特定对象发布的。

范例：专业性公告

人民大会堂安检设备采购项目公开招标公告

一、项目信息

（一）采购项目名称、编号及项目联系人姓名和电话（略）

（二）采购人、采购代理机构的名称、地址和联系方法（略）

二、标讯信息

（一）基本信息（略）

（二）接受投标时间、投标截止时间、开标时间及地点（略）

（三）获取招标文件的时间、地点、方式及招标文件售价（略）

（四）投标人（供应商）的资格要求（略）

（五）项目采购的数量、简要规格描述、简要技术要求、项目用途、性质或项目基本概况介绍（采购需求）（略）

（六）采购项目需要落实的政府采购政策（略）

（七）信用信息查询渠道及截止时点（略）

（八）其他补充事宜（略）

附件：采购需求

全国人大机关采购中心
2018年5月17日

九、通告

通告适用于在一定范围内公布应该遵守或周知的事项。通告的使用者可以是各级各类机关、组织或机构，所以，通告的内容往往涉及社会的方方面面。因此，无论是通告的使用主体还是通告的内容，都具有相当的广泛性。

（一）通告的特点

1. 规范性

通告所告知的事项通常作为有关方面行为的准则或对某些具体活动的约束限制，要求被告知者遵照执行。

2. 业务性

常用于主管业务部门工作的办理、要求或事务性事宜，内容带有专业性、事务性。

3. 广泛性

通告的告知范围广泛，适用范围同样也很广泛。通告不仅在单位或组织内部公布，而且向社会公布。其内容可涉及社会生活各方面，因而各级机关、企事业单位、社会团体都可以使用。此外，通告的发布方式多样，可通过报刊、广播、电视公布，也可以通过张贴和发文使内容广为人知。

（二）通告与公告的区别

公告的发文机关级别更高（多为组织或机构的总部，以组织或机构整体的名义发布），宣布的事更重大，或告知的范围更广，有时包含国外；发布的方式一般不通过张贴而是通过通讯社、电台、报刊。

通告的使用范围最大，各种单位都可以发布；内容有时具有专门性（如银行、交通方面的），而事项则更一般化；发布方式多种多样，可张贴，也可在报刊、电台发布。因报纸有日期，所以用报纸发布通告时可省略日期。

（三）通告的写作

通告一般由标题、原因、通告事项和结语四部分构成。

1. 标题

（1）"通告"，如遇特别紧急的情况，可在通告前加上"紧急"二字。

（2）"关于×××的通告"。

（3）"×××关于×××的通告"。

（4）"×××的通告"。

2. 原因

主要阐述发布通告的背景、根据、目的、意义等。通告常用特定承启句式"为……，特通告如下"或者"根据……，决定……，特此通告"引出通告的事项。

3. 通告事项

通告事项是通告全文的核心部分，包括周知事项和执行要求。撰写这部分内容，一是要做到条理分明、层次清晰。如果内容较多，可采用分条列项的方法；如果内容比较单一，也可采用贯通式方法。二是要做到明确具体，需清楚说明受文对象应执行的事项，便于其理解和执行。

4. 结语

用"特此通告"或"本通告自发布之日（×年×月×日）起实施"表达。

（四）常见通告种类和范例

1. 周知性通告

周知性通告用于传达告知业务性、事务性事项，一般没有执行要求，仅供人们知晓。

范例：周知性通告

关于《保险公司股权管理办法》公开征求意见情况的通告

保监公告〔2018〕7号

为了落实党中央、国务院指示精神，加强股权监管，弥补监管短板，做好保险公司治理监管的基础性工作，保监会对《保险公司股权管理办法》（以下简称《办法》）进行了修改，先后形成两次征求意见稿，分别于2016年12月29日至2017年1月31日、2017年7月20日至2017年8月21日通过保监会官方网站，以及2016年12月30日至2017年1月31日、2017年7月24日至2017年8月24日通过"中国政府法制信息网"向社会公开征求意见。

征求意见期间，我会通过网络、传真、信件等方式收到各类反馈意见20余条，各界普遍认为修改工作深入贯彻了全国金融工作会议精神，有利于强化保险公司股权监管，规范保险公司股东行为。各界对征求意见稿提出的意见和建议主要集中在明确相关概念的判断标准、完善《办法》的适用规则等方面。我们对各方意见均认真研究梳理，充分吸收采纳。在此，对社会各界的关心和支持一并表示感谢。

2. 规定性通告

规定性通告主要用于公布国家有关政策、法规或要求遵守的约束事项，告知对象必须严格遵照执行，用于公布带有强制性的行政措施。为确保某一事项的执行与处理，规定性通告将提出具体规定，要求相关单位与个人遵守。

范例：规定性通告

××省人民政府
关于实行小客车保有量调控管理的通告

为科学合理控制机动车保有量，加快新能源汽车和节能环保汽车推广应用，逐步停止销售燃油汽车，顺应广大群众安全、顺畅出行的客观需要，本省自2018年5月16日0时起在全省实行小客车总量调控管理。现通告如下：

一、本通告实行调控管理的机动车范围为小客车(小型、微型载客汽车)。

二、（略）

三、（略）

四、（略）

五、（略）

六、（略）

七、本通告自发布之日起施行。

                ××省人民政府
                2018年5月15日

十、通报

  通报是上级把有关的人和事告知下级，或组织机构向社会告知有关事项的公文。通报的运用范围广，各级党政机关和单位都可以使用。它的作用主要表现在表扬好人好事、批评错误和歪风邪气、通报应引以为戒的恶性事故、传达重要情况以及需要各单位知道的事项等方面。通报是各级机关、企事业单位和团体经常使用的文种。其目的是交流经验，吸取教训，教育干部、职工、群众，推动工作进一步开展。

（一）通报的特点

1. 典型性
要求内容是典型人物、事件或情况，且具有典型意义，非一般人、事、情况。

2. 时效性
抓住有利时机，及时通报，才能达到教育、宣传的目的，取得良好效果。

3. 教育性
通报通过表彰先进，弘扬正气，鼓励人们学习先进；通过反面事例批评错误，吸取教训，引以为戒，改正错误；通过带有倾向性的情况和信息，使人们了解好的苗头和不良倾向，用于教育人们，引起重视。

4. 真实性
表扬、批评和传达的情况，要求准确无误、实事求是，不允许有虚假成分，否则达不到教育目的。

（二）通报、通知、通告的区别

1. 三者告知的范围不同

通知和通报主要用作内部行文，告知的是有关单位，有些通知还是保密的。通告则是周知性公文，应公开发布，目的是将通告内容让大众知道。

2. 三者用途不同

通报可用来表彰先进、批评错误，而通知、通告都不具备这种用途。通知的一些用途，如批转、转发公文、任免干部、发布规章制度等，都是通告和通报所没有的。

3. 三者告知的内容不同

这三者都对受文者有告知的功能，但通告和通知告知的是"事项"，如机构的建立或撤销、公章的改换或启用等，而且都是事前或事初告知，二者的不同之处是告知的范围有大有小。通报所告知的是"情况"，如会议情况、工作情况、事故情况等，所以均是事后才可告知。

（三）通报的写作

1. 标题

由制发机关、被表彰或被批评的对象、文种构成，通常有两种构成形式。

（1）事由+文种：如《关于王××同志见义勇为记功表彰的通报》。

（2）发文机关名称+事由+文种：如《国务院办公厅关于对少数地方和单位违反国家规定集资问题的通报》。

此外，有少数通报的标题是在文种前冠以机关单位名称，如《中共××市纪律检查委员会通报》；也有的通报标题只有文种名称。

2. 主送机关

除普发性的或在本单位内部公开张贴的通报外，其他通报应标明主送机关。

3. 正文

通报的类型不同，写作的方法也不相同。

4. 署名与日期

如果标题已注明发文机关，则可只写发文日期。发文日期置于正文之后的右下方，也可加小括号置于标题下的正中。

（四）常见通报种类和范例

1. 表彰性通报

表彰性通报是表彰先进个人或先进单位，教育、引导干部群众学习和赶超先进典型的通报。表彰性通报着重介绍人物或单位的先进事迹，点明实质，提出希望、要求，然后发出学习的号召。表彰性通报一般应突出优秀事迹，并提出希望和要求，号召大家学习。

范例：表彰性通报

国务院办公厅关于对2017年落实有关重大政策措施真抓实干成效明显地方予以督查激励的通报

国办发〔2018〕28号

各省、自治区、直辖市人民政府，国务院各部委、各直属机构：

为进一步加大正向激励，充分调动和激发各地从实际出发干事创业的积极性、主动性和创造性，推动形成主动作为、竞相发展的生动局面，根据《国务院办公厅关于对真抓实干成效明显地方加大激励支持力度的通知》（国办发〔2016〕82号），结合国务院大督查、专项督查和部门日常督查情况，经国务院同意，对2017年落实推进供给侧结构性改革、适度扩大总需求、深化创新驱动、优化营商环境、保障和改善民生等有关重大政策措施真抓实干、取得明显成效的25个省（区、市）、82个市（地、州、盟）、116个县（市、区、旗）等予以督查激励，相应采取24项奖励支持措施。希望受到督查激励的地方珍惜荣誉，再接再厉，取得新的更大成绩。

2018年是全面贯彻党的十九大精神的开局之年，是改革开放40周年，是决胜全面建成小康社会、实施"十三五"规划承上启下的关键一年。各地区、各部门要更加紧密地团结在以习近平同志为核心的党中央周围，高举中国特色社会主义伟大旗帜，以习近平新时代中国特色社会主义思想为指导，全面深入贯彻党的十九大和十九届二中、三中全会精神，坚持稳中求进工作总基调，坚持新发展理念，坚持以供给侧结构性改革为主线，围绕大力推动高质量发展、加大改革开放力度、打好三大攻坚战，锐意进取、积极作为，真抓实干、埋头苦干，以钉钉子精神狠抓各项工作落实，确保党中央、国务院决策部署不折不扣落实到位，圆满完成全年经济社会发展主要目标任务，为决胜全面建成小康社会、夺取新时代中国特色社会主义伟大胜利作出新的贡献。

附件：2017年落实有关重大政策措施真抓实干成效明显的地方名单及激励措施（略）

国务院办公厅
2018年4月28日

2. 批评性通报

批评性通报即披露和批评错误，教育和引导他人引以为鉴的通报。通常这类通报通过摆情况、找根源、阐明处理决定来使人从中吸取教训，以免重蹈覆辙。这类通报应用面广，数量大，惩戒性特点比较突出。

批评性通报的写作一般包括：介绍受批评单位或个人的主要错误事实经过，交代清楚事实发生的时间、地点、造成的后果；分析评论，指出错误的实质、危害和原因，并写明批评的目的及给予的处理意见；提出应吸取的教训和要求，防止类似情况的发生。

范例：批评性通报

中国保监会关于部分股权投资基金管理机构违反保险资金运用监管规定情况的通报

根据《保险资金股权投资暂行办法》（保监发〔2010〕79号）的有关规定，保险资金投资私募股权基金的投资机构应当于每年3月31日前，就保险资金投资股权投资基金的情况，向我会提交年度报告。以下投资机构未按规定提交2016年度报告，现予以通报：

前海方舟资产管理有限公司、人保远望资产管理公司、上海鼎迎投资管理中心、东方国新创业投资管理（新疆）有限公司、信达风投资管理有限公司。

投资上述机构管理的股权基金的保险公司应当切实加强投后管理，定期了解投资情况和相关机构合规运作情况。上述投资机构也应当认真整改，杜绝类似事件再次发生。

下一步，我会将切实强化保险资金投资股权投资基金的事后报告监管，保险机构与投资机构应当严格按照保险资金运用监管规定，按时报送监管信息，并确保所报信息的真实、准确、完整。

中国保监会
2017年12月11日

3.情况性通报

情况性通报即传递信息，沟通情况，让人们了解事态发展，了解全局，与上级协调一致，统一认识，统一步调，克服存在的问题，开创新的局面，为工作提供指导或参考。情况性通报应当充分介绍做法或经验，并进行分析、评价，以便提出希望和要求。

范例：情况性通报

××省人民政府办公厅关于2017年度
全省政府网站考评结果的通报

×办函〔2018〕137号

各地级以上市人民政府，各县（市、区）人民政府，省政府各部门、各直属机构：

为贯彻落实《国务院办公厅关于印发政府网站发展指引的通知》（国办发〔2017〕47号，以下简称《指引》）部署要求，根据《××省政府网站考评办法》和《××省2017年度政府网站考评方案》，省府办公厅会同有关单位对各地级以上市政府门户网站，省政府各部门、各直属机构及下属参照公务员法管理的事业单位网站共78个政府网站进行了考评。经省人民政府同意，现将考评结果通报如下。

一、基本情况（略）

二、考评结果（略）

三、下一步工作要求（略）

省府办公厅
2018年4月8日

十一、意见

意见的本意是人们对事物所产生的看法或想法。意见是上级领导机关对下级机关部署工作，指导下级机关工作活动的原则、步骤和方法的一种文体。意见的指导性很强，有时是针对当时带有普遍性的问题发布的，有时是针对局部性的问题而发布的，适用于对重要问题提出见解和处理办法。

（一）意见的特点和适用范围

意见适用于对重要问题提出见解和处理办法，适用范围非常广泛。意见可用于上行文，也可用于下行文、平行文。作为上行文，按请示性公文办理。上级机关要对下级机关报送的"意见"作出处理和答复。作为下行文，有明确要求的，下级机关应遵照执行；无明确要求的，可参照执行。作为平行文，提出的意见可供对方参考。

意见有以下五个特点。

1. 灵活性

绝大多数行政公文具有严格的方向性，如果是上行文就不能用于下行文，同样地，下行文也不能用于上行文。但是，意见既可以用于上行文，也可以用于下行文。作为下行文，可用于上级机关对下级机关提出指导性、规定性意见。作为上行文，可用于下级机关对上级机关提出建设性意见。作为平行文，可用于平级机关相互行文。发文机关和主送机关的数量不受限制，可以与其他文种（如批转性或转发性通知）搭配行文。

2. 针对性

意见往往因工作中需解决的问题或必须克服的倾向而制发。提出问题要及时，分析问题要结合实际，提出的见解、办法要对症下药，有针对性，可操作性强。

3. 重要性

意见所涉及的必须是重要问题，即应当是工作中所遇到的、涉及方针政策性的重大事项和主要问题。

4. 指导性

意见用于下行文时，具有指示的性质，对下级机关开展工作具有指导作用。

5. 原则性

意见在就重要问题提出见解和处理办法时，总是从宏观上提出原则性意见。

由此可见，意见的适用范围非常广泛，可用作上行文，也可用作下行文、平行文。作为上行文，按请示性公文办理。

（二）意见的写作

1. 标题

标题的写法有下面两种方式。

（1）发文机关+事由+文种。例如，《教育部关于加快发展中等职业教育的意见》。

（2）事由+文种。例如，《关于二季度业务的指导意见》《关于进一步加强合规工作的若干意见》，可以由上级机关用通知等公文转发。

2. 发文字号

发文字号在意见的写作中可以有，也可以没有。

3. 主送机关

一般要写明主送机关，但涉及面较广的意见可省去。上行性意见和请示一样，只有一个主送机关。下行性意见的主送机关常为多个。

4. 正文

意见的正文分为以下几步来详细写作。

（1）发文缘由。发文缘由概述了发文背景、根据、目的、意义，目的明确，在写作过程中必须做到有针对性、理由充分。

（2）具体意见。在具体意见这部分主要阐明见解、建议和解决办法，包括指导思想、工作原则、具体措施、办法和要求等。如果主体部分事项多，则经常采用条款式写法。

（3）落实要求。落实要求这部分常用"以上意见供领导决策参考""以上意见供参考""以上意见如无不妥，请批转各地执行""以上意见，请结合实际情况贯彻执行"等惯用语来结束。

（4）结尾。结尾一般包括实施时间、解释权归属、原有意见的废止等部分，有时候也可省去不写。

5.发文机关和日期

正文的右下方标注发文机关署名和成文日期，并加盖印章。成文日期也可标注在标题正下方，用圆括号。意见由通知转发的，则发文机关和日期见通知，此种情形下，意见不需要落款。

（三）意见范例

常见的意见多为直接指导型意见。

直接指导型意见是指领导机关直接对重要问题发表意见，用于指导下级的工作，这时意见的性质等同于指示。不过，一般而言，意见的内容更具有原则性、方向性，有时不像指示那么具体。

下级机关在贯彻执行意见时，要像对待请示一样，不能打折扣，但在具体方法上，可以根据本地区本部门的情况灵活处理。

范例：直接指导型意见

中国保监会关于保险业支持实体经济发展的指导意见

保监发〔2017〕42号

各保险集团（控股）公司、保险公司、保险资产管理公司：

为全面贯彻落实党中央、国务院关于金融支持实体经济的决策部署，充分发挥保险风险管理与保障功能，拓宽保险资金支持实体经济渠道，促进保险业持续向振兴实体经济发力、聚力，提升保险业服务实体经济的质量和效率，现提出以下意见：

一、总体要求（略）

二、积极构筑实体经济的风险管理保障体系（略）

三、大力引导保险资金服务国家发展战略（略）

四、不断创新保险业服务实体经济形式（略）

五、持续改进和加强保险监管与政策引导（略）

中国保监会

2017年5月4日

第三节
公文写作的相关知识

本节将主要介绍公文写作的语法基础知识和公文中标点符号及数字的规范，以供参考。

一、语法基础知识

前文对公文写作的基本知识做了介绍，并将常见公文类型进行了讲解和示例，然而想要写好公文，仅仅知道上述知识还远远不够。公文写作就像一座大厦，公文的基本知识犹如大厦的框架，各类型公文的内容犹如大厦的砖石，而语法基础知识犹如大厦的根基。我们很难想象一篇重要公文会病句频出、逻辑混乱。因此，要想写好公文，打好坚实的语法基础必不可少。

语法是语言的组合法则，专指组成词、短语、句子等有意义的语言单位的规则。这类规则构成一个系统，就叫语法系统。

语言单位可以分为四级，由小到大分别是语素、词、短语、句子。每个层级的语言单位都有相应的使用规则。

现代汉语有一套完备而精细的语法规则。在这里，由于篇幅的限制，我们不一一对每个语言单位的规则都做详细的介绍，仅从句子的结构以及常见的表达错误入手，介绍提升公文写作水平的语法知识，避免在公文写作中出现语法和逻辑错误，奠定写好公文的基础。

（一）句子的结构

句法结构内部的组合项之间的关系一般可以归为主谓、动宾、偏正、补充等关系，承担这些结构关系的关系项叫作句法结构成分，简称句法成分。主谓关系的关系项（句法成分）有主语和谓语，动宾关系的关系项有动词性成分和宾语，偏正关系的关系项有定语和定语中心语、状语和状语中心语，补充关系的关系项有补语和补语中心语。严格地说，句法成分有上述十种，分别配成五对。但为了简化关于句法成分的内容，通常只提主语、谓语、宾语、定语、状语和补语。

1. 主语

主语表示陈述的对象，能回答"谁/什么"之类的问题。

（1）从构成材料上看，主语可以由体词性词语充当，也可以由谓词性词语充当。最常见的是体词性词语（特别是名词）充当主语。例如：

○ 老师马上就到。
○ 中国人民有自己的民族自尊心和自豪感。
○ 我借来一台录音机。

谓词性词语做主语没有体词性词语那样普遍，有一定的限制。谓词性词语充当主语，其谓语一般是形容词，或是由"是""使"等非动作性词语构成的词组。例如：

○ 开车不容易。
○ 干净最重要。
○ 坚持说英语很有必要。
○ 虚心使人进步，骄傲使人落后。

（2）时间主语和处所主语

①时间名词或处所名词同人物名词一起出现在句法结构的开头时，人物名词做主语，时间名词或处所名词做状语。例如：

○ 小王去了深圳。（人物名词做主语。）

○ 昨天来了一位新老师。（时间名词做主语。）
○ 屋里能住十个人。（处所名词做主语。）

②时间名词、处所名词跟一般人物名词（包括代名词，下同）一样，也可以做主语。例如：
○ 昨天小王去了深圳。（"小王"做主语，"昨天"做状语。）
○ 这里我们放了很多书。（"我们"做主语，"这里"做状语。）

③时间名词、处所名词和人物名词三者一起出现在句法结构开头时，人物名词做主语，时间名词和处所名词都做状语。例如：
昨天学校里学生放了假。（"学生"做主语，"昨天""学校里"做状语。）

④时间名词、处所名词出现，而人物名词不出现，时间名词和处所名词一起做主语，也称"时地双主语"。例如：
○ 去年世界上发生几件大事。（"去年"和"世界上"都做主语。）
○ 半夜楼上一声巨响。（"半夜"和"楼上"都做主语。）

有以下两点需要注意。

第一，表示时间、处所的副词和介宾结构一律不能做主语，它们只能做状语。例如：
○ 刚刚走了。（"刚刚"做状语。）
○ 在上周走的。（"在上周"做状语。）
○ 在门市部上班。（"在门市部"做状语。）

第二，如果主语（人物名词）省略了，不要误把做状语的时间名词或处所名词当作主语。例如：
○ （你什么时候走？）今天走。
○ （我们一起商量一点事儿，）屋里坐吧。
○ （我们）明天见。

上面的例子，第一例省略了主语"我"，第二、第三例省略了主语"我们"。

2. 谓语

谓语和主语相对，表达陈述的内容，能回答"怎么样/是什么"之类的问题。最常见的是谓词性词语充当谓语。例如：

○ 会议开始了。（动词做谓语。）

○ 主席做报告。（动宾结构做谓语。）

○ 秋收即将结束。（谓词性偏正结构做谓语。）

○ 我们把敌人打得落花流水。（谓词性偏正结构做谓语。）

○ 大伙儿坐在台前看表演。（连动结构做谓语。）

○ 我们选他当代表。（兼语结构做谓语。）

○ 这酒劲儿大。（主谓结构做谓语。）

○ 北方干燥，南方潮湿。（形容词做谓语。）

3. 宾语

（1）宾语的类型

宾语是动词性成分后边表示人物或事件的成分，能够回答"谁/什么"之类的问题。宾语与动词性成分相对。从语义上看，宾语可以是动作的受事、施事、工具、处所、结果等。例如：

○ 他读英语。（受事）

○ 我家里来了客人。（施事）

○ 他练毛笔。（工具）

○ 我住四楼。（处所）

○ 发明计算机。（结果）

一个及物动词可以带各种各样的宾语，如"打球"的"打"，就可以有打篮球、打半场、打联防、打主攻手、打时间差、打短平快、打奥运会、打北京队、打决赛、打世界冠军等，其中好些宾语很难叫出个什么名目。

从充当宾语的材料看，宾语可以分为体词性宾语和谓词性宾语两类。宾语由体词性词语充当还是谓词性词语充当取决于支配它的动词。有的动词要求带体词性宾语，如"提高水平""培养人才""买书""来了三个人"。有的动词要求带谓词性宾语，如"感到难受""显得高兴""主张改革""严加防范""加以批判""予以打击"。有的动词既可以带体词性宾语，又可以带谓词性宾语。例如：

○ 喜欢英语/喜欢学英语。

○ 研究方案/研究怎样安排工作。

○ 开始新的生活/开始上课。

（2）双宾语

有的动词能带双宾语，一般是前一个指人，叫近宾语；后一个指事物，叫远宾语。如"她教我们数学"，"我们"是近宾语，"数学"是远宾语。能带双宾语的动词有问、教、欠、还、交、租、给、送、赠、输、赔、奖、告诉、请教、称、骂、托等。这类动词有的要求两个宾语同时出现，缺一不可，如"称他老大哥"；有的可以不带近宾语，如"借（他）五块钱"；有的可以不带远宾语，如"告诉你（一个好消息）"；有的后面可以只出现两个宾语中的任何一个，如"教我们""教英语""教我们英语"。

如果远宾语较长，近宾语之后也可用逗号或冒号隔开，隔开后，仍是双宾语，例如"小王告诉我们，火车明天上午九点开出"。但如果近宾语后面出现了动词，便构成连动结构，不再是双宾结构了。例如，"小王告诉我们说，火车明天上午九点开出"。"告诉"和"说"各自带宾语，前后构成连动结构。

4. 补语

补语是谓词性词语后边起补述作用的成分，表示"怎么样／多久"等意思，或者表示程度，常常由"得"引出。

（1）补语的类型

①结果补语：表示动作的结果，一般由形容词或动词充当。其基本式是：动词+补语（形容词／动词）。例如，听清楚、写完、看懂。

结果补语还有可能式，其肯定式为动词+得+补语，否定式为动词+不+补语。其中的"得"和"不"表示有没有能力实现动作的结果。例如：

○ 听得清楚/听不清楚。

○ 喝得醉/喝不醉。

○ 写得完/写不完。

②趋向补语：表示动作的趋向，由趋向动词充当。趋向补语也分基本式和可能式，基本式为动词+趋向动词。例如，送去、送上去、送上来、传过去、拿出来、跳下去、站起来。可能式的肯定式为动词+得+趋向动词，否定式为动词+不+趋向动词。例如，送得去、送不去、传得过去、传不过去。

需要注意以下两个问题：第一，由"动词+复合趋向动词"组成的补充结构如果带宾语，其宾语的位置有两种情况。

○ 表示处所的宾语只能插在"复合趋向动词"之间。例如，爬上山去、跑下楼来、放回动物园去。

○ 表示事物的宾语，位置比较自由，可以出现在"复合趋向动词"之间、之前或之后。例如，拿出一支钢笔来、拿出来一支钢笔、拿一支钢笔出来。

第二，"起来""下去"用在谓词后面，有时不表示趋向，而分别表示动作或状态的开始或继续。例如，打起来、说下去、冷起来、胖起来、冷下去、瘦下去。

③情态补语：表示与动作行为有关的事物的状态，由谓词性词语充当，补语之前必须用"得"。例如，说得好、说得很好、说得不好，累得爬不起来了，洗得干干净净，弄得到处是水。

情态补语与结果补语的可能式都要用"得"，二者的区别是：从语义上看，情态补语是对已发生的动作行为进行评价或描述，结果补语的可能式表示的是动作行为可能带来的结果。例如：

○ 这项工作做得（很）好。（动作已发生，补语"好"表示评价。）

○ 你有经验，这项工作你一定做得好。（尚未做，"好"是可能有的结果。）

从形式上看，二者的否定式、疑问式都不相同。第一个例子中"做得好"的否定式和疑问式分别为"做得不好""做得好不好"，第二个例子中"做得好"的否定式和疑问式分别为"做不好""做得好做不好"。另外，第一个例子中"做得好"还可以扩展为"做得很好"，第二个例子则不可以。

④数量补语：表示动作的量，由动量结构和时量结构充当，分别称为动量补语和时量补语。例如，看一遍、去一趟、打一拳、砍一刀、成立了两年、等了老半天。

⑤程度补语：在谓词（主要是形容词和表示心理活动的动词）的后面表示程度，可分为两类。

○ 不带"得"的，一般由极、透、多、死等词充当，后面必须带上"了"。例如，好极了、糟透了、好多了、讨厌死了、恨死了。

○带"得"的，一般由很、多、慌、厉害、要命、要死、不行、不得了、了不得等词语充当。例如，乱得很、懒得多、闷得慌、疼得厉害、痒得要命、怕得要死、困得不行、忙得不行、高兴得不得了。

另外，动词可以同"得来""不来""得了""不了""得"或"不得"组成补充结构，例如，合得来、合不来、解决得了、解决不了、去得、去不得。

从形式上看，其中的"得""不"不可去掉，去掉则不成结构，这一点与结果补语的可能式不一样。但从语义上看，这类补语表示动作行为实现的可能性，这一点与结果补语的可能式基本相同，因而可以把它们归入结果补语。

(2) 补语的语义指向

从形式上看，补语位于谓语性词语后面，但从语义上看，补语的补述性有的指向它前面的谓词，有的指向主语，有的指向宾语。例如：

○他喝酒喝多了。（"多"指向"喝"。）
○他喝醉了酒。（"醉"指向"他"。）
○他喝完了酒。（"完"指向"酒"。）

(3) 数量结构充当补语与充当宾语的区别

数量结构既可做补语，又可做宾语，其区别有以下两点。

第一，表物量的是宾语，表动量的是补语。例如：

○新书买了五本。（"五本"做宾语，语义上指向"新书"。）
○新书买了两次。（"两次"做补语，语义上指向"买"。）

上述例句可以转换为：

○买了五本新书。（"五本"做定语，语义上仍指向"新书"。）
○买了两次新书。（"两次"仍做补语，语义上仍指向"买"。）

第二，表时量的既可以是补语，也可以是宾语。一般情况下，表时点的是宾语，表时段的是补语。例如：

○到八时才下班。（"八时"是时点，做介词"到"的宾语。）
○等了八小时才来。（"八小时"是时段，做动词"等"的补语。）

5. 定语

定语是体词性偏正结构中的偏项（也叫修饰语），常带"的"，表示"谁

（的）/什么样（的）/多少"等意思。与定语相对的成分是定语中心语。定语对中心语的修饰大致有四种情况。

第一，对中心语进行限定，一般可称为"限制性定语"。例如，三好学生、科学画报、你今年订的杂志、人的喊叫。

第二，对中心语加以描述，一般称为"描述性定语"。例如，多么幸福的家庭、紫红色的裙子、雷厉风行的人、高尚的情操、平平常常的事情。

第三，表示领属关系，可以称为"领属定语"。例如，他的钢笔、我爸爸、图书馆的书、老李的房子。

第四，定语与中心语的语义关系比较特殊。例如，他的字写得不错（意为他写字写得不错），别开老李的玩笑（意为别跟老李开玩笑）。

6. 状语

状语是谓词性偏正结构中的偏项，常常带"地"，表示"怎么样/几时/哪里/多么"等意思，或者表示肯定或否定。与状语相对的是状语中心语。状语可以表示动作行为的时间、处所、情态、方式、程度、范围、对象等，也可以表示肯定、否定或语气。例如：

○ 已经开始了。（时间）
○ 在教室上课。（处所）
○ 眉梢带笑地介绍说。（情态）
○ 一步一步地向上走。（方式）
○ 非常喜欢他。（程度）
○ 都来了。（范围）
○ 向雷锋同志学习。（对象）
○ 一定去。（肯定）
○ 不去。（否定）
○ 偏要去。（语气）

多项状语大致的顺序是：A.时间词语；B.处所词语；C.副词；D.形容词。例如：

我昨天在图书馆里又细对了一遍。（A+B+C+D）
看的人们也都无聊地走散。（C+C+D）

（二）表达的错误

句子里的表达错误是各种各样的，常见的有以下几种。

1. 指代不明

（1）前词语在文中没有出现，或没有说清楚而用了代词

所谓前词语，是指代词所指代的词语。句子里要用到除第一、第二人称代词（如"你、你们、我、我们、咱们"）以外的代词时，必须先出现前词语。如果前词语在文中没有出现，或没说清楚，而运用了代词，便会造成指代不明的毛病。例如：

○ 编辑同志，你们转来的信我都看了，意见提得很中肯，在此我感谢他们指出了我的疏忽之处，纠正了我的错误。

○ 同志之间，特别是领导干部之间有了意见，应开诚布公地摆到桌面上来，否则，这将不利于团结，不利于工作。

例一中的"他们"指谁？看来是指写信提意见的人，但文中并未交代。宜将"转来的信"改为"转来的读者来信"，使"他们"的前词语"读者"在上文出现。例二中的"这"指代没着落，完全是多余的，应删去。

（2）用相同的代词指代不同的对象

○ 我刚下汽车，就你拿提包，我背行李，弄得两手空的了，看着这一切，我只觉得一股暖流涌上心头。

○ 一九七八年，既有古巴彻底暴露于前，复有越南大暴露于后。这对难兄难弟用自己的行动表明，它们都是苏联拴在自己战车上的卒子。

例一中的"我"指代不明。第一个"我"是实指，第二个"我"是虚指。整个句子可改为"我刚下汽车，许多老同学就涌上来，这个拿提包，那个背行李，我一下了就两手空空了，看着这一切，我只觉得一股暖流涌上心头"。例二中的两个"自己"指代的对象不一致，第二个"自己"用得不恰当，全句宜改为"……表明，它们全都是拴在苏联战车上的卒子"。

（3）前词语的词不止一个，而代词只有一个

○ 红军行军赶到了泸定桥，守在桥东头的两个团的敌人惊恐万状，他们立即准备好木板，组织好队伍，准备强夺泸定桥。

○ 西晋"八王之乱"到底是晋武帝时大封同姓诸王,建立了许多王国所造成的呢,还是晋武帝在世时安排的王位继承人及辅政大臣不得其人造成的呢?从一些历史记载看,并不是这样。

例一中的"他们"指代不明,读完最后一句才知道是指红军。用"战士们"替换"他们",意思就十分清楚了。例二中的"这样"指代不明,到底是指前一种情况,还是指后一种情况,还是合指二者呢?读者不能获得明确的结论,只有作者自己心里明白。

2. 数量表达混乱

(1) 讲数量减少使用倍数说法

○ 我店处理一批皮鞋,原价10元一双,现削价1倍。

○ 我们厂生产的手扶拖拉机,原来每台成本为5000元,技术革新后,每台成本为3500元,产品成本降低了3倍。

数量增加多少或减少多少,指的都是差额,而差额都要以原来的数量作为基准,因此讲到数量增加时,分数、倍数都可以用,而讲到减少时,只能用分数,不能用倍数。有的人之所以会犯错误,就在于讲差额时以减少后的数量作为标准了。例一中,原数是10,"削价1倍",现价等于零,鞋子不是白送了吗?可改为"……,现削价一半"。例二中,原来成本为5000元,降低了3倍(5000×3=15000元),岂不是笑话!实际减少数(差额)是1500元,是原成本的3/10(1500÷5000=3/10)。原句可改为"……,产品成本降低了3/10。"

(2) 混淆含义不同的数量表达法

○ 我系去年招收新生40名,今年招收160名,今年比去年多了4倍。

○ 今年蚌埠站已提前140天完成了全年集装箱运输2万吨的计划,与去年相比,提高到50%。

说明数量上的增减有两种表达法:一是说增减了多少,一是说增减到多少。这两种表达法所指的内容是不同的。前者是指明增减的那部分数量,后者是指明增减以后的实有数量。例一中,"多了"指净增加数,净增加120名(160-40)。此句应改为"……,今年比去年多了3倍"或"……,今年是去年的4倍"。例二中,既然是提前140天完成了全年计划,显然不会是"提高到

50%"，应将"到"删去。

（3）滥用"超过计划的百分之多少"的说法

"超过计划的百分之多少"这类说法是有歧义的。因为由"超过"带上数量宾语所形成的动宾结构本身就是一个有歧义的格式。例如"超过6个"，那"6个"可以理解为超出的数量，如"我们每人每天定20个，小李今天超过6个"。这实际是说小李今天完成了26个。那"6个"也可以理解为是被超过的数量。如"定额并不高，只要求每人每天编10个筐。可是小李哪一天都完不成任务，能超过6个，就算不错了"。这就是说小李每天最多只能编七八个。

"超过计划的百分之多少"实际上就是上述动宾结构。假定年计划为60吨，那么"年计划的40%"，就是24吨。"超过24吨"的说法是有歧义的。

因此，这类格式在使用时要谨慎。只有在不致产生歧义的情况下，才能使用这种格式。例如"煤炭工业传来捷报，今年1月产量超过了去年12月的20%"。因为前面已经说明是"捷报"，所以"超过……20%"不会引起误解。不过，最好还是采用"超额（产）百分之多少"的说法。

3. 搭配不当

搭配不当有两种情况：一种是语义上搭配不当，另一种是词性上搭配不当。

（1）语义上搭配不当

语义上搭配不当是指主语和谓语、动词和宾语、修饰语和中心语以及关联词语在语义上不能搭配。

①三年中，本市粮食总产量，以平均每年递增20%的速度，大踏步向前发展。

主语"产量"不能与谓语"大踏步向前发展"搭配，应将谓语改为"大幅度提高"。

②我要不断发挥优点，改进缺点。

"优点"不能"发挥"，"缺点"不能"改进"，动宾搭配不当，应将"发挥"改为"发扬"，"改进"改为"改正"。

③由于坚持植树造林，这一带基本上根除了风沙灾害。

"基本上"和"根除"在语义上是矛盾的。"根除了"，就不能用"基本上"来修饰，"基本上"消除就不能说"根除了"。

④尽管天塌下来，我也能顶得住。

可以说"尽管……但是"，也可以说"即使……也"，但不可以说"尽管……也"。这个复句前后两个分句是让步关系，应将"尽管"改为"即使"。

(2) 词性上搭配不当

词性上搭配不当是指词语的组合不合词性的要求，有以下两种情况。

①某个成分本应与甲类词组合，而误用了乙类词。例如，副词一般出现在动词或形容词前面，若出现在名词前面，便是词性搭配不当，如"多么光荣"是合格的搭配，而"多么荣誉"便是不当搭配。

②某个成分本应与某类词的甲次类组合，而误用了乙次类。例如，动词有及物动词和不及物动词两个次类，及物动词后面接宾语是合格的组合，不及物动词接宾语（少数施事宾语，如"来客人"等除外）则是不合格的组合。例如，可以说"帮助老师"，不可以说"帮忙老师"，因为"帮忙"是不及物动词，后面不能带宾语。

4. 残缺和赘余

句子里该有的成分少了，就是残缺；不该有的多了，就是赘余。

(1) 残缺

①残缺主语。例如：在1978年于美国召开的第三届国际固氮学术会议上，他的论文受到了与会科学家的高度重视，给予了很高的评价。

这个复句的前一分句用的是被动句式，后一分句用的是主动句式，而且话题也变了，但变了的话题却随便省略了，致使残缺主语。宜在"给予"前补出主语"大家"。

②残缺谓语或谓语中心。例如：我国将于本月十二日至六月十日向太平洋公海上发射运载火箭试验，各有关国家的船只飞机在试验期间不要进入规定的海域和上空。

"发射"只能管到"运载火箭"，"试验"没有着落。在"向"前面补上"进行"，在"试验"前面加上"的"，结构就完整了。

③残缺宾语中心。例如：公司可以利用互联网向外部企业发布商品信息、销售信息以及营业、技术维护。

"发布……营业、技术维护"说不通，应在"维护"之后加上"信息"或"资料"。

又如：由于长期以来中小学教师受到不公正的待遇，所以一些在职老师产生了"当教师倒霉、没出息"。

"产生了当教师……出息"说不通，应在"出息"后补上"的想法"或"的思想"。

这两个病例也可以看作是动宾搭配不当。

④残缺必要的虚词。例如：从云龙山北望，不远处有一个高耸的土山，这便是被项羽尊为亚父的范增墓。

被项羽尊为亚父的是范增，不是范增墓，要是没有前一句，单看后一句就容易把"范增墓"误解为亚父的名字。毛病就出在"被……范增"和"墓"之间少了个"的"字。从这个病例可以看出，当定语不止一层时，不能轻易省去"的"，否则偏正结构内部的关系就看不清楚了。

（2）赘余

例如：因为篇幅有限，我们不得不对您的稿件略加删改一些。

"略加删改"含有"删改一些"的意思，因而"一些"是多余的，应删去。

又如：校门前是一条很笔直的大道。

"笔直"本身已经表示了程度，不能再用程度副词修饰，"很"是多余的，应删去。

（三）常见用词错误

本节我们已经了解了基本的句法知识和常见的语法错误，我们还需要了解一些在日常生活中可能出现的字词错误，这样才能让公文写作更加完善。

1."截至"与"截止"

"截至"与"截止"都表示行为、动作的时间界限，但用法上有两点不同：①侧重点不同。"截至"强调"至"，强调的是到某计时点上的事态如何，不强调事情的完结。"截止"强调"止"，在某计时点上所进行的事情已完结，将不再继续。②用法不同。"截至"用在表示时间的词语之前，"截止"用在表示时间的词语之后。

常见错误是将"截至"错用成了"截止"。例如：
〇 截止18日下午4时。
〇 截止2006年12月，截止今年6月。
〇 截止2006年底。
〇 截止2007年9月19日20点46分。
〇 截止目前。
〇 期限截止2007年10月10日。

上面例子中的"截止"均应为"截至"。

2. "期间"与"其间"

这两个词都是指"中间"的意思，但主要区别在于"期"与"其"。"期"指"时期"，"其"是指代词，相当于"这""那""这个""那个"。它们在用法上有两点不同：一是使用范围不同。"其间"可以指时间（意为"这期间"或"这段时间"），也可以指空间（意为两个以上的人或两种以上的具体或抽象事物之间）。二是用法不同。"其间"当中的"其"字与前面表示时间的词语相呼应，一般不需要其他词语的修饰。"期间"则不能单独使用，前面须加限制词，如"春节放假期间""十一长假期间""暑假期间"等。

常见错误是将"其间"错用为"期间"。
〇 迄今已有20年的历史，期间多年被评为上海市自营出口先进企业。
〇 均安国际牛仔博览会将举行模特新星大赛，期间还将举办均安牛仔杯国际牛仔服装设计大赛。

以上两例中的"期间"均应为"其间"。

3. "接合"与"结合"

这是意思不同、用法不同的一对词。"接合"的意思是连接使合在一起；"结合"的意思是人或事物间发生密切联系，并非合在一起，有时还带有抽象意义。常见的错误是把"接合"错用成了"结合"。

○ 新老城乡结合部。

○ 立交桥地处城乡结合部。

○ 城乡结合部集体土地非法转让。

○ ……展销会，城乡结合部为执法重点区域。

上述四例中的"城乡结合部"均应为"城乡接合部"。

4."综合征"与"证""症"

"证""症""征"这3个字表示对"病"的不同描述。"证"是对疾病所处一定阶段或一定阶段某种类型的病因、病性、病位所做的概括；"症"只是病证的外在表现，专指病证的临床表现，如失语症、遗忘症、炎症、癌症、肥胖症、高血压症等；"征"主要指"综合征"，是指出现的一系列症状，也叫"症候群"，如更年期综合征、多动综合征、帕金森氏综合征，以及心理学上的表征等。常见错误是把"综合征"错用成"综合症"。

○ 资源枯竭综合症，市场瘦弱综合症，国企综合症。

○ 患上了高原综合症。

以上两例中的"综合症"均应为"综合征"。

5."通信"与"通讯"

这两个词在用法上的区别是：

（1）表示用口头、书信等传统手段传递信息时，用"通信"，不用"通讯"。

（2）表示用电波、光波等信号传送文字、图像等意义时，用"通信"，不用"通讯"。

（3）表示新闻报道的文章时，只用"通讯"，不用"通信"。

（4）"通信"组成的词语主要有"通信兵""通信卫星""通信工程""通信技术""通信设备""通信系统""无线电通信"等。"通讯"组成的词语主要有"通讯社"、"通讯员"、新闻文体"通讯"等。

6."须"与"需"、"必须"与"必需"、"亟须"与"急需"

"须"单独使用时有"一定要"的意思，用在动词前，有副词的明显特征。"需"是动词，有需要、需求的意思，有时更指需要用的东西。

由"须""需"构成的"必须""必需"两个词的区别是：

（1）侧重不同。"必须"强调事理或情理上务必做到某种程度。"必需"是"必须需要"的缩略，强调作为条件一定要具备，必不可少。

（2）词性不同。"必须"是副词，多用作状语，一般用在动词、形容词前，也可以用在分句前。"必需"是动词，表示一定得有，不可缺少，主要做定语或谓语。

（3）语气不同。"必须"带有比较强烈的命令语气、强调语气。"必需"为一般语气。

（4）构词能力不同。"必需"有构词能力，可以构成"必需品""必需物资"等，"必须"则没有构词能力。

由"须""需"构成的"亟须""急需"，在构词上，"亟"与"须"构成词，而不与"需"构成词；"急"与"需"构成词，而不与"须"构成词。"亟须""急需"的用法基本上同"须""需"的用法。

常见的错用情况是"须"与"需"、"必须"与"必需"、"亟须"与"急需"相互错用。例如：

○9种必须氨基酸。（句中"必须"应为"必需"。）

○零边距档案扫描仪在扫描装订成册的珍贵档案时无需拆解即可获得无黑边。（句中"无需"应为"无须"。）

○与此同时，我们还需努力做最好的自己，而不仅仅是做最好的教师。（句中"还需努力"应为"还须努力"。）

○在通信运营商群雄纷争的今天，您亟需提高偏远区域的运营服务能力，您需要突破技术瓶颈的限制。（句中"亟需提高"应为"亟须提高"。）

○亟需加强资源整合。（句首"亟需"应为"亟须"。）

○美国亟需外来资金减缓美国金融业和经济受到的打击。（句中"亟需外来资金"应为"急需外来资金"。）

○……成为本届亟需面对和探索的课题。（句中"亟需"应为"亟须"。）

7．"诞辰"与"诞生"

"诞辰"是名词，指生日。"诞生"是动词，指出生。可以说"110周年诞辰"，不可以说"诞辰110周年"。可以说"诞生110周年",不可以说"诞辰110周年"。

常见错误是将"诞生××周年"错用成"诞辰××周年"。例如:

〇 纪念周恩来总理诞辰110周年。

〇 今年3月5日是周恩来诞辰110周年纪念日。

8. "登陆"与"登录"

"登陆"是指渡过水域(江、河、湖、海)登上陆地或商品打入某一市场。"登录"是现代电子计算机用词,指用户输入用户名称和密码,取得计算机网络系统的认可,以获取某种信息或资料(文、图、表等)。

常见错误是将"登录"网站或软件,误用为"登陆"。

9. "××县委组织部"与"××县县委组织部"

正确用法应是"××县委组织部"。"××县委组织部"是"中国共产党××县委员会组织部"的简称,全称中只有一个"县"字,简称时不应多一个"县"字。其他各级党的机关简称均是如此。

10. "画面中"与"画面上"

正确用法应为"画面上",因为"画面"指的是一个平面,没有厚度,"画面中"不通,尽管口语中这样表达人们能理解,但书面语言文字上说不通。

二、公文中的标点符号和数字用法

通过前文介绍的公文写作基本知识,我们知道,公文具有很强的规范性,其格式、结构和行文都有相比其他文体更为严格和准确的使用要求。

在日常的写作中,标点符号和数字是公文中必不可少的组成部分。作为公文规范的一部分,公文中标点符号和数字的使用同样也要准确和规范。

本节内容将以最新的国家标准为基础,介绍公文中标点符号和数字的规范用法。

（一）公文中标点符号的用法

《中华人民共和国国家标准》（GB/T 15834—2011）中《标点符号用法》对标点符号的含义作出了明确规定：标点符号是辅助文字记录语言的符号，是书面语的有机组成部分，用来表示语句的停顿、语气以及表示某些成分（主要是词语）的特定性质和作用。

因此，数学符号、货币符号、校勘符号、辞书符号、注音符号等特殊领域的专门符号不属于标点符号。

1. 标点符号的种类

常用的标点符号有16种，分点号和标号两大类。

（1）点号的作用在于点断，主要表示说话时的停顿和语气。点号又分为句末点号和句内点号。句末点号用在句末，有句号、问号、叹号三种，表示句末的停顿，同时表示句子的语气；句内点号用在句内，有逗号、顿号、分号、冒号四种，表示句内的各种不同性质的停顿。

（2）标号的作用在于标明，主要标明语句的性质和作用。常用的标号有九种，即引号、括号、破折号、省略号、着重号、连接号、间隔号、书名号和专名号。

2. 公文中标点符号的用法

（1）句号：句号是句末点号的一种，表示陈述语气的语段的结束，其形式是"。"。

句号用于句子末尾，表示陈述语气。

例如：北京是中华人民共和国的首都。

使用句号的主要根据是语段前后有较大停顿、带有陈述语气和语调，并不取决于句子的长短。

（2）逗号：逗号是句内点号的一种，表示句子或语段内的一般性停顿，其形式是"，"。

逗号在公文写作中的基本用法如下。

○ 复句内非并列关系的各分句之间的停顿，除了有时用分号（分号的使用规则见后文），一般都用逗号。

例如：学历史使人更明智，学文学使人更聪慧，学数学使人更精细，学哲学使人更深沉。

○ 用于某些序次语（"第"字头、"其"字头及"首先"类序次语）之后的停顿处。

例如：为什么许多人都有长不大的感觉呢？原因有三：第一，父母总认为自己比孩子成熟；第二，父母总要以自己的标准来衡量孩子；第三，父母出于爱心而总不想让孩子在成长的过程中走弯路。

（3）顿号：顿号是句内点号的一种，表示语段中并列词语之间或某些序次语之后的停顿，形式是"、"。

顿号在公文写作中的基本用法如下。

○ 用于并列词语之间。

例如：这里有自由、民主、平等、开放的风气和氛围。

○ 用于某些序次语（不带括号的汉字数字或"天干地支"类序次语）之后。

例如：我准备讲两个问题：一、逻辑学是什么？二、怎样学好逻辑学？

○ 相邻或相近的两个数字连用表示概数通常不用顿号。若相邻两个数字连用为缩略形式，宜用顿号。

例如：飞机在6000米高空水平飞行时，只能看到两侧八九公里和前方一二十公里范围内的地面。（这里不用顿号。）

农业是国民经济的基础，也是二、三产业的基础。（这里使用顿号。）

○ 标有引号的并列成分之间、标有书名号的并列成分之间通常不用顿号。若有其他成分插在并列的引号之间或并列的书名号之间（如引语或书名号之后还有括注），宜用顿号。

例如：《红楼梦》《三国演义》《西游记》《水浒传》，是我国长篇小说的四大名著。

办公室里订有《人民日报》（海外版）、《光明日报》和《时代周刊》等报刊。

（4）分号：分号是句内点号的一种，表示复句内部并列关系分句之间的停顿，以及非并列关系的多重复句中第一层分句之间的停顿，形式是"；"。

分号在公文写作中的用法如下。

○ 表示复句内部并列关系的分句（尤其是当分句内部还有逗号时）之间的停顿。

例如：语言文字的学习，就理解方面说，是得到一种知识；就运用方面说，是养成一种习惯。

○ 表示非并列关系的多重复句中第一层分句（主要是选择、转折等关系）之间的停顿。

例如：尽管人民革命的力量在开始时总是弱小的，所以总是受压的；但是由于革命的力量代表历史发展的方向，因此本质上又是不可战胜的。

○ 用于分项列举的各项之间。

例如：特聘教授的岗位职责为：一、讲授本学科的主干基础课程；二、主持本学科的重大科研项目；三、领导本学科的学术队伍建设；四、带领本学科赶超或保持世界先进水平。

（5）冒号：冒号是句内点号的一种，表示语段中提示下文或总结上文的停顿，形式是"："。

冒号在公文写作中的用法如下。

○ 用于总说性或提示性词语（如"说""例如""证明"等）之后，表示提示下文。

例如：北京紫禁城有四座城门：午门、神武门、东华门和西华门。

○ 表示总结上文。

例如：张华上了大学，李萍进了技校，我当了工人：我们都有美好的前途。

○ 用在需要说明的词语之后，表示注释和说明。

例如：（本市将举办首届大型书市。）主办单位：市文化局；承办单位：市图书进出口公司；时间：8月15~20日；地点：市体育馆观众休息厅。

○ 用于书信、讲话稿中称谓语或称呼语之后。

例如：同志们、朋友们：……

○ 一个句子内部一般不应套用冒号。在列举式或条文式表述中，如不得套用冒号，宜另起段落来显示各个层次。

例如：第十条　遗产按照下列顺序继承：

第一顺序：配偶、子女、父母。

第二顺序：兄弟姐妹、祖父母、外祖父母。

（6）问号：问号是句末点号的一种，主要表示句子的疑问语气，形式是"？"。

问号在公文写作中的用法如下。

○ 用于句子末尾，表示疑问语气（包括反问、设问等疑问类型）。使用问号的主要根据是语段前后有较大停顿、带有疑问语气和语调，并不取决于句子的长短。

例如：（一个外国人，不远万里来到中国，帮助中国的抗日战争。）这是什么精神？这是国际主义的精神。

○ 在选择问句中，通常只在最后一个选项的末尾用问号，各个选项之间一般用逗号隔开。当选项较短且选项之间几乎没有停顿时，选项之间可以不用逗号。当选项较多或较长，或有意突出每个选项的独立性时，也可以在每个选项之后都用问号。

例如：诗中记述的这场战争究竟是真实的历史描述，还是诗人的虚构？

要一个什么样的结尾：现实主义的？传统的？大团圆的？荒诞的？民族形式的？有象征意义的？

○ 问号也有标号的用法，即用于句内，表示存疑或不详。

例如：马致远（1250？—1321），大都人，元代戏曲家、散曲家。

（7）叹号：叹号是句末点号的一种，主要表示句子的感叹语气，形式是"！"。

叹号在公文写作中的用法如下。

○ 用于句子末尾，主要表示感叹语气，有时也可表示强烈的祈使语气、反问语气等。使用叹号的主要根据是语段前后有较大停顿、带有感叹语气和语调或带有强烈的祈使、反问语气和语调，并不取决于句子的长短。

例如：劳动人民创造了伟大的历史成就！（感叹语气）

让我们携手共进，共同创造美好未来！（祈使语气）

（8）引号：引号是标号的一种，标示语段中直接引用的内容或需要特别指出的成分。其形式有双引号（""）和单引号（''）两种。左侧的为前引号，右侧的为后引号。

引号的基本用法如下。

〇 标示语段中直接引用的内容。

例如：李白诗中就有"白发三千丈"这样极尽夸张的语句。

〇 标示需要着重论述或强调的内容。

例如：这里所谓的"文"，并不是指文字，而是指文采。

〇 标示语段中具有特殊含义而需要特别指出的成分，如别称、简称、反语等。

例如：电视被称作"第九艺术"。（别称）

有几个"慈祥"的老板把捡来的菜叶用盐浸浸就算作工友的菜肴。（反语）

〇 当引号中还需要使用引号时，外面一层用双引号，里面一层用单引号。

例如：他问："老师，'七月流火'是什么意思？"

〇 独立成段的引文如果只有一段，段首和段尾都用引号；不止一段时，每段开头仅用前引号，只在最后一段末尾用后引号。

例如：我曾在报纸上看到有人这样谈幸福：

"幸福是知道自己喜欢什么和不喜欢什么。……

"幸福是知道自己擅长什么和不擅长什么。……

"幸福是在正确的时间做了正确的选择。……"

〇 在书写带月、日的事件、节日或其他特定意义的短语（含简称）时，通常只标引其中的月和日；需要突出和强调该事件或节日本身时，也可连同事件或节日一起标引。

例如："5·12"汶川大地震

"五四"以来的话剧，是我国戏剧中的新形式。

纪念"五四运动"90周年。

（9）括号：括号是标号的一种，标示语段中的注释内容、补充说明或其他特定意义的语句。主要形式是圆括号"（）"，其他形式还有方括号"[ ]"、六角括号"〔〕"和方头括号"【】"等。

○ 标示注释内容或补充说明、标示序次语及标示引语的出处，用圆括号。

例如：我校拥有特级教师（含已退休的）17人。

思想有三个条件：（一）事理；（二）心理；（三）伦理。

他说得好："未画之前，不立一格；既画之后，不留一格。"（《板桥集·题画》）

○ 标示作者国籍或所属朝代时，可用方括号或六角括号。

例如：[英]赫胥黎《进化论与伦理学》

〔唐〕杜甫著

○ 报刊标示电讯、报道的开头，可用方头括号。

例如：【新华社南京消息】

○ 标示公文发文字号中的发文年份时，用六角括号。

例如：国发〔2011〕3号文件

○ 标示被注释的词语时，可用六角括号或方头括号。

例如：〔奇观〕奇伟的景象。

【爱因斯坦】物理学家。生于德国，1933年因受纳粹政权迫害，移居美国。

（10）省略号：省略号是标号的一种，标示语段中某些内容的省略及意义的断续等。形式是"……"。

标示引文的省略。

例如：我们齐声朗诵起来："……俱往矣，数风流人物，还看今朝。"

标示列举或重复词语的省略。

例如：对政治的敏感，对生活的敏感，对性格的敏感……这都是作家必须要有的素质。

标示特定的成分虚缺。

例如：只要……就……

在标示诗行、段落的省略时，可连用两个省略号（相当于十二连点）。

例如：该刊根据工作质量、上稿数量、参与程度等方面的表现，评选出了高校十佳记者站；还根据发稿数量、提供新闻线索情况以及对刊物的关注度等，评选出了十佳通讯员。

…………

（11）破折号：破折号是标号的一种，标示语段中某些成分的注释、补充说明或语音、意义的变化。形式是"——"。

破折号在公文写作中基本用法如下。

○ 标示总结上文或提示下文（也可用冒号）。

例如：坚强，纯洁，严于律己，客观公正——这一切都难得地集中在一个人身上。

○ 标示事项列举分承。

例如：根据研究对象的不同，环境物理学分为以下五个分支学科：

——环境声学；

——环境光学；

——环境热学；

——环境电磁学；

——环境空气动力学。

○ 用于副标题之前。

例如：飞向太平洋

——我国新型号运载火箭发射目击记

○ 用于引文、注文后，标示作者、出处或注释者。

例如：先天下之忧而忧，后天下之乐而乐。

——范仲淹

很多人写好信后把信笺折成方胜形，我看大可不必。（方胜，指古代妇女戴

的方形首饰，用彩绸等制作，由两个斜方部分叠合而成。——编者注）

（12）连接号：连接号是标号的一种，标示某些相关联成分之间的连接。连接号的形式有短横线"-"（占半个字符位置）、一字线"—"（占一个字符位置）、浪纹线"~"（占一个字符位置）三种。

短横线的使用场景

——连接号码：包括门牌号码、电话号码，以及用阿拉伯数字表示年月日等。如联系电话：010-8884××××、安宁里东路26号院3-2-××室。

——插图的编号。如参见下页表2-8、表2-9。

——在复合名词中起连接作用。如吐鲁番-哈密盆地。

——某些产品的名称和型号。如WZ-10直升机具有复杂天气和夜间作战的能力。

——汉语拼音、外来语内部的分合。如shuōshuō-xiàoxiào（说说笑笑）、盎格鲁-撒克逊人。

一字线或浪文线的使用场景

——标示相关项目（如时间、地域等）的起止。如2011年2月3~10日，北京—上海特别旅客快车。

——标示数值范围（由阿拉伯数字或汉字数字构成）的起止。如25~30g，第五~第八课。

（13）书名号：书名号是标号的一种，标示语段中出现的各种作品的名称。形式有双书名号"《 》"和单书名号"〈 〉"两种。

书名号在公文写作中的用法如下。

○ 标示书名、卷名、篇名、刊物名、报纸名、文件名等。

○ 标示电影、电视、音乐、诗歌、雕塑等各类用文字、声音、图像等表现的作品的名称。

○ 标示作品名的简称。

例如：我读了《念青唐古拉山脉纪行》（以下简称《念》）一文，收获很大。

○ 书名号中还需要书名号时：里面一层用单书名号，外面一层用双书名号。

职场基本功

例如：《教育部关于提请审议〈高等教育自学考试试行办法〉的报告》。

（14）间隔号：间隔号是标号的一种，标示某些相关联成分之间的分界。形式是"·"。

间隔号的基本用法如下。

○ 标示外国人名或少数民族人名内部的分界。

例如：克里斯蒂娜·罗塞蒂、阿依古丽·买买提。

○ 标示书名与篇（章、卷）名之间的分界。

例如：《淮南子·本经训》。

○ 标示词牌、曲牌、诗体名等和题名之间的分界。

例如：《沁园春·雪》《天净沙·秋思》《七律·冬云》。

○ 用在构成标题或栏目名称的并列词语之间。

例如：《天·地·人》。

○ 以月、日为标志的事件或节日，用汉字数字表示时，只在1月、11月和12月后用间隔号；当直接用阿拉伯数字表示时，月、日之间均用间隔号（半角字符）。

例如："一·二八"事变、"一二·九"运动。

"3·15"消费者权益日、"9·11"恐怖袭击事件。

（15）着重号：着重号是标号的一种，标示语段中某些重要的或需要指明的文字。形式是"．"，标注在相应的文字下方。

○ 着重号在公文中较少使用，如使用，一般用于标示语段中重要的文字。

例如：诗人需要表现，而不是证明。

（16）分隔号：分隔号是标号的一种，标示某些相关文字的分隔。形式是"/"。

分隔号的基本用法如下。

○ 分隔供选择或可转换的两项，表示"或"。

例如：动词短语中除了作为主体成分的述语动词之外，还包括述语动词所带的宾语和/或补语。

○ 分隔组成一对的两项，表示"和"。

例如：13/14次特别快车。

羽毛球女双决赛中国组合杜婧/于洋两局完胜韩国名将李孝贞/李敬元。

○ 分隔层级或类别。

例如：我国的行政区划分为省（直辖市、自治区）/省辖市（地级市）/县（县级市、区、自治州）/乡（镇）/村（居委会）。

（二）公文中数字的用法

1. 公文中应当使用阿拉伯数字的情况

根据国家标准《出版物上数字用法》（GB/T 15835—2011），阿拉伯数字是指"0、1、2、3、4、5、6、7、8、9"等。

（1）公历世纪、年代、年、月、日、分、秒，要求使用阿拉伯数字。如公元前9世纪、公元前221年、20世纪80年代、1949年10月1日、15时20分45秒等。年份一般不用简写，如1980—1995年不能写作1980—95年，2005年不应简写成05年。

（2）记数与计量（包括正负整数、分数、小数、百分比、约数等）。例如，1302、1/16、4.5倍、34%、3∶1、45万元、500多种、60多万斤等。

（3）物理量量值必须使用阿拉伯数字，并正确使用法定计量单位。如300kg、15cm、35℃等。如果是多位的阿拉伯数字，不能换行。非物理量一般情况下应使用阿拉伯数字，如235元、11个月、100名。但小学和初中教科书、非专业书刊的计量单位可使用中文表示，如200kg（200千克）。

（4）部队番号、文件编号、证件号码和其他序号，须用阿拉伯数字。例如，38915部队、总3211号、国办发〔2010〕号文件、T37/T38次快车、HP-3000型电子计算机、90号汽油、维生素B_1等。

（5）引文标注中的版次、卷次、页码，除古籍应与所据版本一致外，一般要使用阿拉伯数字。例如，列宁：《新生的中国》，见《列宁全集》中文2版，第22卷，208页，北京，人民出版社，1990。

（6）表示数字的范围也有写法的讲究。例如，3万～8万不能写成"3～8万"，5%～15%不能写成"5～15%"。

应用时应注意：第一，一个数值的书写形式要照顾到上下文。不是出现在一组具有统计意义数字中的一位数（一、二……九）可以用汉字，如一个人、四种产品、六条意见、重复三遍。第二，5位以上的数字，尾数零多的，可改写为以万、亿做单位的数，一般不得以十、百、千、十万、百万、千万、十亿等做单位（千克、千米、千瓦等法定计量单位不在此列）。例如，34000可以改写为3.4万。第三，一个用阿拉伯数字书写的多位数不能移行。

2. 应当使用汉字的几种情况

根据国家标准《出版物上数字用法》的规定，汉语数字通常是指"一、二、三、四、五、六、七、八、九、十"及其大写"壹、贰、叁、肆、伍、陆、柒、捌、玖、拾"等数字。

（1）数字作为词素构成定型的词、词组、惯用语、缩略语或具有修辞色彩的语句。例如，"十二五"规划、一律、二万五千里长征、第三世界、相差十万八千里、五星红旗、六神无主、七上八下、八国联军、九死一生、零点方案、星期五、第三季度、不管三七二十一、十六届四中全会等。

（2）邻近的多个数字（一、二……九）并列连用，表示概数（连用的多个数字之间不应用顿号隔开）。例如，七八十种、一千七八百元、三四天、七八个、十五六岁、三四百里、四十五六岁。

（3）星期几一律用汉字，如星期三。

（4）中国历史纪年、干支纪年、夏历月日、各民族非公历纪年等，均使用汉字。如万历十五年、丙寅年十月十八日、八月十五中秋节、正月初五等。有时为了表达得更加明白，可以在它们的后边用阿拉伯数字括注公历。如藏历阳木龙年八月二十六日（1964年10月1日）、日本庆应三年（1867年）等。

（5）含有月、日简称表示事件、节日或其他特定意义的词组，应用汉字数字。如果涉及1月、11月、12月，为避免歧义，要将表示月和日的数字用间隔号"·"隔开，并外加引号。如"一·二八"事变（1月28日）、"一二·九运动"（12月9日）等。涉及其他月份时，不用间隔号，是否使用引号，视事件的知名度而定。如五一国际劳动节、十一国庆节、"九一三"事件等。

（6）用"几、多、余、左右、上下、约"等表示约数时，使用汉语数字。

如几千年、百多次、十余年、八万左右、三十上下、约五十人等。如果文中出现一组具有统计意义和比较意义的数字，用"多、约"等表示约数时，为保持局部体例上的一致，其约数也可以使用阿拉伯数字。例如：该省从机动财政中拿出近2000万元，调拨钢材3000多吨、水泥3万多吨、柴油1400吨，用于农田水利基本建设。

本章思考题

- 按行文关系划分,公文可分为哪几类?
- 公文的版心部分包含哪几个要素?
- 公文中的标题和正文分别应该使用什么字体和字号?
- 常见的11种公文种类分别是什么?
- 公文写作中常见的表达错误有哪些?

第三章　办公软件应用

　　Office 是现代公司日常办公中不可或缺的工具，主要包括 Word、Excel、PowerPoint 等组件，它被广泛地应用于财务、行政、人事、统计和金融等众多领域。本章从使用的角度出发，结合应用案例，模拟了真实的办公环境，介绍了 Office 2016 的使用方法与技巧，旨在帮助读者全面、系统地掌握 Office 在职场中的应用。

通过本章学习将帮助你

了解常用办公软件 Office 2016 的基本知识
掌握 Word、Excel 及 PowerPoint 日常使用的基本技巧
了解运用 Office 2016 高效办公的知识

第一节
Office 2016 简介

一、Office 2016 组件介绍

Office 2016虽然名为2016，但实际上并不是2016年发布的版本，它是针对Windows 10环境从零全新开发的通用应用，意味着它在个人计算机、平板电脑、手机等各种设备上有着一致的体验，尤其针对手机和平板电脑上的触摸操作进行了全方位的优化，是第一个真正可以应用于手机的Office。

Office 2016主要包括Word 2016、Excel 2016、PowerPoint 2016、Outlook 2016和Onenote 2016等常用组件。作为最常用的办公系列软件之一，Office 2016受到广大办公人士的喜爱。

1. Word 2016

Microsoft Office Word（以下简称Word）在办公自动化中占据着很重要的地位，它是目前使用最广泛的文字处理与编辑软件。使用Word可以轻松地编排各种文档，但在学习具体的编排操作之前，我们首先需要掌握Word 2016的新功能与特点，才能更好地学习与应用Word 2016。

2. Excel 2016

Microsoft Office Excel（以下简称Excel）是电子数据表程序(进行数字和预算运算的软件程序)，是最早的Office组件。Excel内置了多种函数，可以对大量数

据进行分类、排序甚至绘制图表等操作,掌握Excel可以成倍地提高工作效率。

3. PowerPoint 2016

Microsoft Office PowerPoint(以下简称PowerPoint或PPT)是微软公司设计的演示文稿软件,用户不仅可以在投影仪或者计算机上对演示文稿进行演示,也可以将演示文稿打印出来,制作成胶片,以便应用到更广泛的领域中。利用PowerPoint不仅可以创建演示文稿,还可以在互联网上召开面对面会议、远程会议或在网上给观众展示演示文稿。使用PowerPoint做出来的内容叫演示文稿,它是一个文件,文件扩展名为".ppt",也可以保存为PDF格式、图片格式等,在2013版本和2016版本中可保存为视频格式。演示文稿中的每一页叫幻灯片,每张幻灯片在演示文稿中都既相互独立又相互联系。

4. Outlook 2016

Microsoft Outlook是个人信息管理程序和电子邮件通信软件,自Office 97版开始接任Microsoft Mail。但它与Outlook Express是不同的,它包括一个电子邮件客户端、日历、任务管理者和地址本。它仅适宜Windows平台,一个版本也被包括在大多数Pocket PC掌上电脑里。它在Macintosh版里对应的程序是Microsoft Entourage(后来替换成Outlook)。

二、Office 2016 的应用范围与要求

(一) Office 2016的应用范围

Office 2016是微软办公软件的集合,主要包括Word、Excel、PowerPoint、Outlook、Visio及Publisher等组件和服务。通过Office 2016,可以实现文档的编辑、排版和审阅,表格的设计、排序、筛选和计算,演示文稿的设计和制作,邮件的接收与发送、整理与共享笔记等多种功能。Office的应用范围比较广泛,不管是工作、生活还是学习中,都会经常用到Office软件。例如,在工作中可以使用Office制作各类办公文档,在生活中可以使用Office软件记录日常开销、制定个人合同文档,在学习中可以使用Office记笔记、制订学习计划、整理文档集等。在办公方面,Office 2016主要应用于人力资源管理、行政文秘管理、市场营

销和财务管理等领域。

人力资源管理是一项系统而又复杂的组织工作。使用Office 2016系列应用组件可以帮助人力资源管理者轻松、快速地完成各种文档、数据报表及幻灯片的制作。例如，可以使用Word 2016制作各类规章制度、招聘启事、工作报告、培训资料等，使用Excel 2016制作绩效考核表、工资表、员工基本信息表、员工入职记录表等，使用PowerPoint 2016可以制作公司培训PPT、述职报告PPT、招聘简章PPT等。

在行政文秘管理领域，需要制作出各类严谨的文档。Office 2016系列办公软件提供批注、审阅以及错误检查等功能，可以方便地核查制作的文档。例如，使用Word 2016制作委托书、合同等，使用Excel 2016制作项目评估表、会议议程记录表、差旅报销单等，使用PowerPoint 2016可以制作公司宣传PPT、商品展示PPT等。图3-1为使用PowerPoint 2016制作的公司宣传PPT。

图3-1　公司宣传PPT

在市场营销领域，可以使用Word2016制作项目评估报告、企业营销计划书等，使用Excel 2016制作产品价目表等。在财务管理领域，可以使用Word 2016制作询价单、公司财务方案、企业发展战略等，使用Excel 2016制作企业财务查询表、成本统计表、年度预算表等，使用PowerPoint 2016制作年度财务报告PPT、项目资金需求PPT等。图3-2为使用Excel 2016制作的仓库进出库统计表。

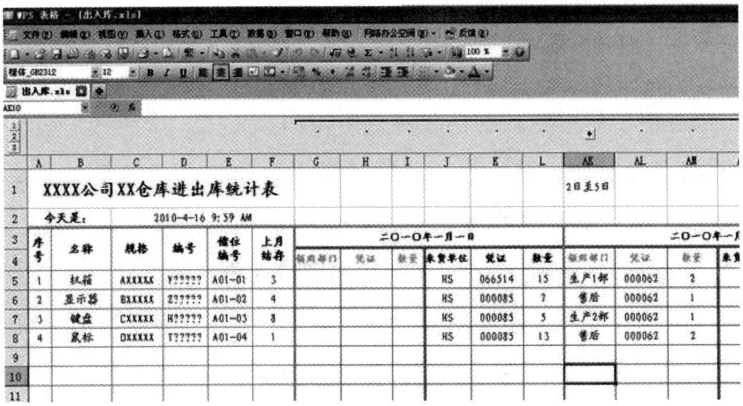

图3-2　使用Excel 2016制作的仓库进出库统计表

万变不离其宗，兼顾Office的版本由2003更新到2016，新版本的软件可以直接打开低版本软件创建的文件。如果要使用低版本软件打开高版本软件创建的文档，可以先将高版本软件创建的文档另存为低版本类型，再使用低版本软件进行文档编辑。

下面以Word 2016为例介绍Office 2016，使用Office 2016可以直接打开Office 2003、2007、2010、2013格式的文件。将Office 2003格式的文件在Word 2016文档中打开，标题栏中则会显示出【兼容模式】字样。使用低版本Office软件可以打开Office 2016文档，也可以打开Word创建的文件，只需要将其类型更改为低版本类型即可，具体操作步骤如下：

使用Word 2016创建一个Word文档，单击【文件】选项卡，在【文件】选项卡下的左侧选择【另存为】选项，在右侧【这台电脑】选项弹出【另存为】对话框，单击【浏览】选择需要保存的文件类型。

在【保存类型】单击【保存】按钮即可将其转换为低版本，使用Word 2003打开。

（二）Office的使用误区

在使用Office办公软件办公时，一些错误的操作不仅耽误文档制作的时间，

131

影响办公效率，而且看起来还不美观，再次编辑时也不容易修改。

下面简单介绍办公中必须避免的一些Office使用误区。

1. Word的使用误区

（1）长文档中使用格式刷修改样式再编辑长文档，特别是多达几十页或上百页的文档时，使用格式刷应用同一样式是不正确的，一旦需要修改该样式，则需要重新刷一遍，影响文档编辑速度，这时可以使用样式来管理，再次修改时，只需要修改样式，则应用该样式的文本将自动更新为新样式。

（2）用空格调整行间距或段间距时，可以使用段落对话框中【缩进和间距】选项卡下的【间距】组来设置行间距或段间距。

（3）使用空格设置段落首行缩进。在编辑文档时，段前默认情况下需要首行缩进2个字符，切忌使用空格调整，可以在【段落】对话框中【缩进和间距】选项卡下的【缩进】组来设置缩进。

（4）按【Enter】键分页，使用【Enter】键添加换行符可以达到分页的目的，但如果在分页前的文本中删除或添加文字，添加的换行符就不能起到正确分页的作用，可以在【插入】选项卡下【页面组】中分别单击【计数项设置】组中的【分隔符】，在下拉列表中添加分隔符。

（5）手动加目录提供了自动获取目录的功能，要为文本设置大级别和添加页码，即可自动生成目录，不需要手动添加。

2. Excel的使用误区

（1）大量重复或有规律的数据一个个输入。在使用Excel时，经常需要输入一些重复或有规律的大量数据，逐个输入会浪费时间，可以使用快速填充功能输入。

（2）使用计算函数。Excel提供了求和、平均数计算、最大最小值等简单易用的函数计算，使用户不需要使用计算器即可准确计算。

（3）图表使用不恰当。创建图表时首先要掌握每一类图表的作用，如果要查看每一个数据在总数中所占的比例，创建柱形图就不能准确表达数据，因此，选择合适的图表类型很重要。

（4）不善用排序或筛选功能。排序和筛选功能是Excel的强大功能之一，能够对数据快速按照升序、降序或自定义序列进行排序，使用筛选功能可以快速并准确筛选出满足条件的数据。

3. PowerPoint的使用误区

（1）过度设计封面。用于演讲的PPT，封面的设计水平和内页保持一致即可。因为第一页PPT停留在听众视线里的时间不会太长，演讲者需要尽快进入演说的开场白部分，然后是演讲的实质内容部分，封面不是PPT要呈现的重点，制作PPT时要避免把公司Logo以大图标的形式放到每一页幻灯片中，这样不仅干扰观众的视线，还容易引起观众的反感。

（2）文字太多。PPT页面中放置大量的文字，不仅不美观，还容易引起听众的视觉疲劳，给观众留下念PPT而不是在演讲的印象，因此，制作PPT时可以使用图表、图片、表格等展示文字，吸引观众。

（3）选择不合适的动画效果。使用动画是为了使重点内容更醒目，引导观众的思路，引起观众重视，可以在幻灯片中添加醒目的效果。如果选择的动画效果不合适，就会起到相反的效果。因此，使用动画的时候，要遵循动画的醒目、自然、适当简化及创意原则。

（4）滥用声音效果。进行长时间的讲演时，可以在幻灯片中添加声音效果，用来吸引观众的注意，防止听觉疲劳，但滥用声音效果，不仅不能使观众注意力集中，还会引起观众的厌烦。

（5）颜色搭配不合理，使用过于艳丽的文字或字体颜色与背景色过于近似。

第二节
Word 办公应用

一、Word 操作基础

（一）建立个人工作报告

在创建个人工作文档时，首先需要打开 Word 2016，创建一份新文档。具体操作步骤如下。

第一步，单击屏幕鼠标右键，新建 Word 文档。

第二步，打开 Word 2016 主界面，在模板区域，Word 提供了多种可供创建的新文档类型。这里点击【空白文档】按钮，如图 3-3 所示。

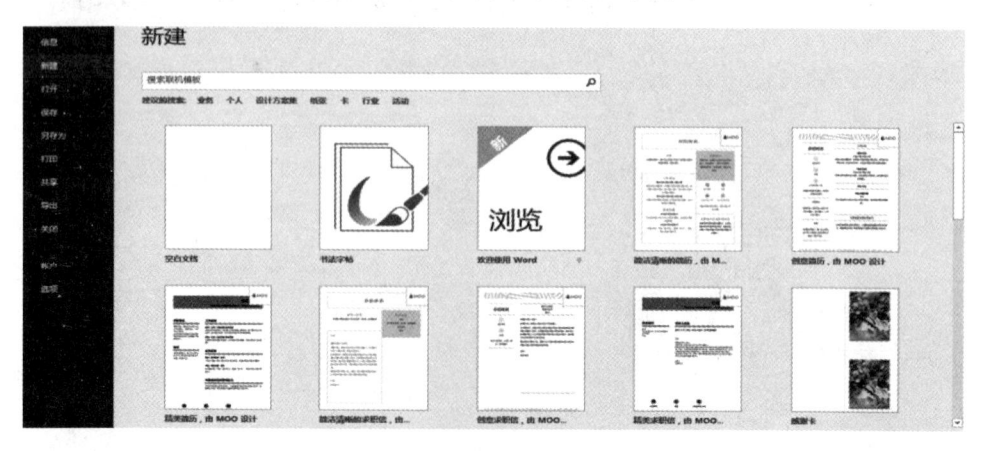

图 3-3　可供创建的新文档类型

第三步，创建一个新的空白文档。

第四步，单击【文件】选项卡，在弹出的菜单列表中选择【保存】选项，在右侧的【另存为】区域中单击【浏览】按钮，在【另存为】对话框中选择保存位置，在【文件名】文本框中输入文档名称，单击【保存】按钮即可。

（二）文本格式编辑

文本的输入功能非常简便，只要会用键盘打字，就可以在文档编辑区域输入文本内容。个人工作总结文档保存成功后，即可在文档中输入文本内容。

1. 输入中英文字符

Word文档中可以输入汉字和英文字符，只要切换到中文输入法状态下，就可以通过键盘输入汉字；在英文状态下可以输入英文字符。具体操作步骤如下。

第一步，启动Word 2016，新建一个空白文档，在文档中显示一个闪烁的光标。如果要输入中文汉字，则需要先切换到中文输入法状态下，按【Ctrl +空格键】即可；如果计算机中安装了多个中文输入法，则需要按【Ctrl + Shift】组合键切换到要应用的输入法。

第二步，输入文字内容对应的拼音或笔画，即可在光标处显示输入的汉字内容，按【Enter】键换行。

第三步，按【Ctrl +空格键】切换到英文输入法状态下，可以输入英文；按Caps Lock键切换字母大小写，在光标处可输入英文字符。

> **小贴士**
>
> 中英文的标点符号有着显著的不同。例如，英文的句号是实心的小圆点"."，而中文的句号是空心的圆"。"，由于键盘上没有相应的中文标点，Windows就在某些键盘上定义了常用的中文标点，这样，中英文标点符号之间就有了某种对应关系。为了输入中文标点符号，先选择一种中文输入法，并按Ctrl +.（句号）切换到中文标点状态，然后按键盘上的某个按键，可以输入相应的中文标点。

2.插入符号和特殊符号

在文档编辑过程中经常需要输入键盘上没有的字符，这就需要通过Word中插入符号的功能来实现。具体操作步骤如下：第一步，将光标定位在要插入符号的位置，切换到功能区中的"插入"选项卡，单击"符号"组中的"符号"按钮，在弹出的菜单中选择"其他符号"命令，如图3-4所示。

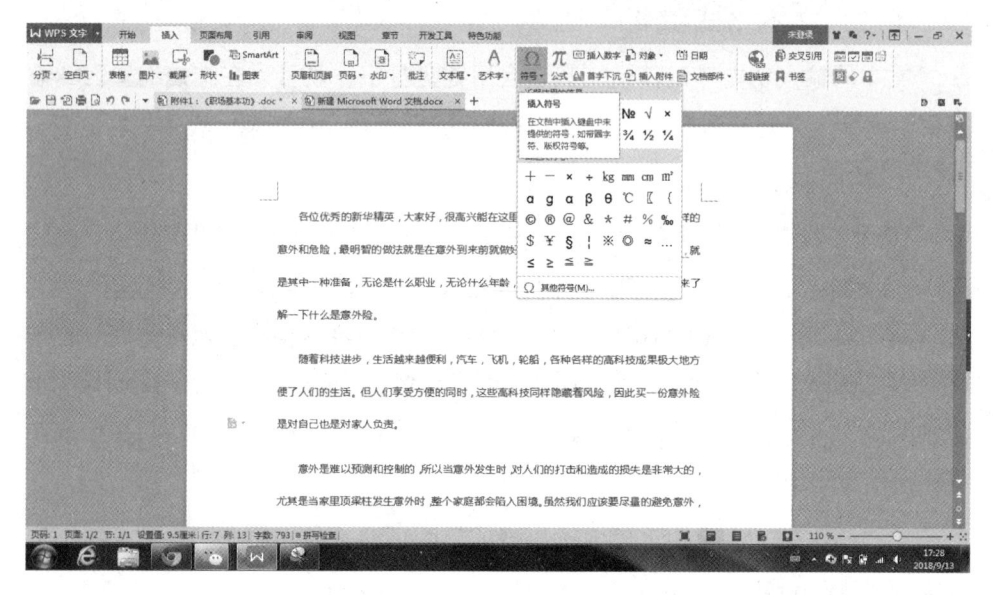

图3-4　Word中插入符号的功能

3.编辑文本

（1）选择文本。如果要对文档内容进行编辑，首先需要选择编辑的对象文本。利用鼠标或键盘即可进行文本的选择，根据所选文本的多少和是否连续可分为以下几种选择方式。

a.选择任意数量的文本

如果要选择任意数量的文本，只需在文本的开始位置按住鼠标左键不放开拖动，直到文本结束位置再释放鼠标，即可选择文本开始位置与结束位置之间的文本。被选择的文本区域效果如图3-5所示。

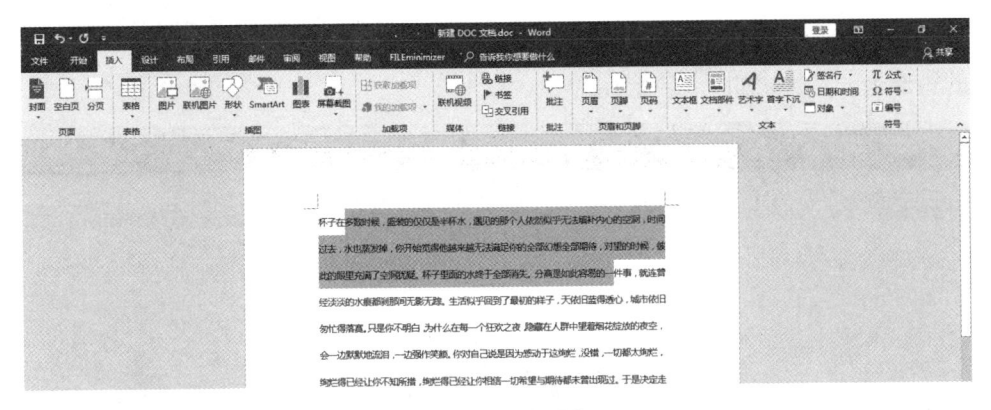

图3-5 文本选择

b．选择一行或多行文本

如果要选择一行或多行文本，可将鼠标指针移动到文档左侧的空白区域，即选定栏，当鼠标指针变为箭头形状时，单击鼠标左键即可选定该行文本，按住鼠标左键不放并向下拖动鼠标即可选择多行文本。

c．选择不连续的文本

选择不连续的文本又分为选择相邻文本和选择矩形区域文本两种方式。

选择一个文本区域后按住【Ctrl】键不放，拖动鼠标选择其他所需的文本，即可选择不相邻的多个文本区域，效果如图3-6所示。

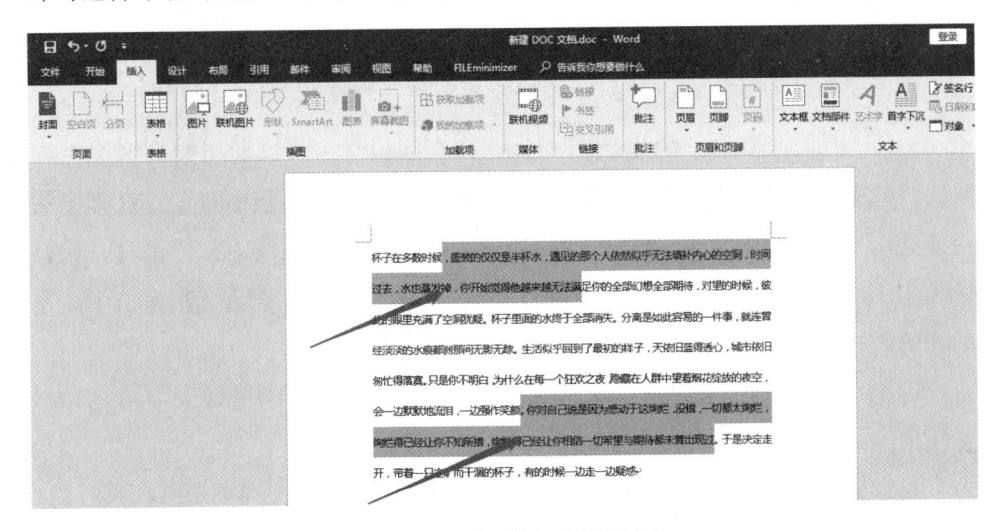

图3-6 不相邻文本的选择

按住【Alt】键不放，可在文本区域内选择从定位处到其他位置的任意大小的矩形选区，效果如图3-7所示。

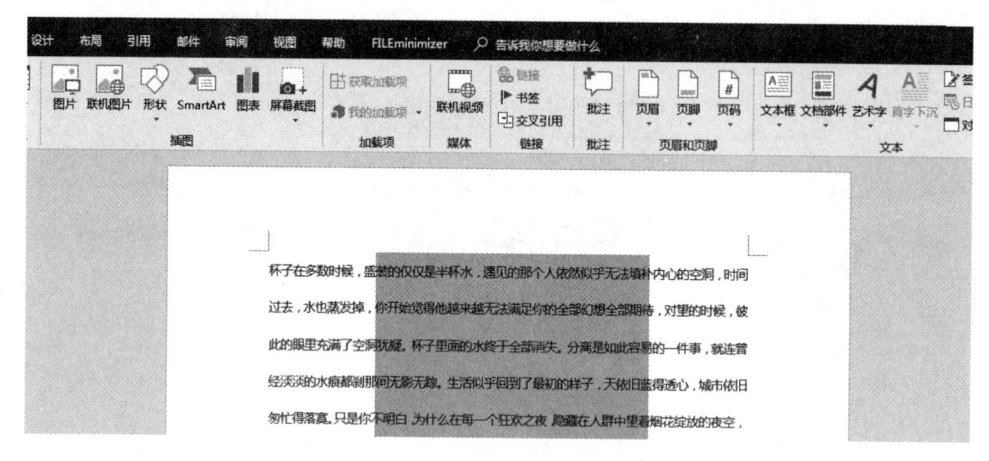

图3-7　矩形区域文本的选择

d．选择一段文本

如果要选择一段文本，可以通过拖动鼠标进行选择；也可以将鼠标指针移到选定栏，当其变为小箭头形状时双击鼠标左键选择；还可以在段落中的任意位置连续单击鼠标左键三次进行选择。

e．选择整篇文档

按【Ctrl+A】组合键可快速选择整篇文档；将鼠标指针移到选定栏，当其变为小箭头形状时连续单击鼠标左键三次也可以选择整篇文档。

（2）剪切文本。如果用户需要修改文本的位置，可以使用剪切文本来完成。具体操作步骤为：选择文档中需要修改的文字，单击鼠标右键，在弹出的快捷菜单中选择【剪切】选项。此时所选内容被放入剪贴板中，单击【开始】选项卡下【剪贴板】组中的【剪贴板】按钮，在打开的【剪贴板】窗口中单击剪切的内容，即可将内容插入文档中光标所在位置。

（3）删除文本。如果不小心输错了内容，可以选择删除文本，具体操作步骤如下。

第一步，将鼠标光标放置在文本一侧，按住鼠标左键拖曳，选择需要删除的文字。

第二步，在键盘上按【Delete】键即可将选择的文本删除。

（4）撤销与恢复操作。Word 2016具有对文档操作记忆的功能，在撤销时系统会自动记录所执行过的操作。因此，如果在编辑过程中执行了错误的操作，可以通过该功能恢复到之前的状态，或将撤销的操作利用恢复功能进行恢复。单击快速访问工具栏中的【撤销】按钮，就可以撤销上一次的操作，连续单击该按钮可撤销最近执行过的多次操作。单击【撤销】按钮右侧的下拉按钮，在弹出的下拉列表中还可以选择要撤销的操作。如果误撤销了某些操作，还可使用恢复操作将其恢复。单击快速访问工具栏中的【恢复】按钮，可以恢复上一次的撤销操作，连续单击该按钮可恢复最近执行过的多次撤销操作。

（5）字体和大小。将文档内容的字体和大小格式统一。具体操作步骤如下。

第一步，选中文档中的标题，单击【开始】选项。

第二步，选项卡下【字体】组中的【字体】按钮，在弹出的【字体】对话框中选择【字体】选项卡，单击【中文字体】文本框后的下拉按钮，在弹出的下拉列表中选择【华文楷体】选项，单击【字号】列表框中选择【二号】选项，单击【确定】按钮。根据需要设置其他标题和正文的字体，设置完成。

（三）审阅与批注

1. 添加批注

批过文档的审阅者为文档添加的注释、说明、建议即为批注。添加批注的具体操作步骤如下：

第一步，在文档中选择需要添加批注的文字，单击【阅读】选项卡下【批注】组中的【新建批注】按钮。

第二步，在文档右侧的批注框中输入批注的内容即可再次单击【新建批注】按钮，也可以在文档中的其他位置添加批注内容。

2. 删除批注

当不需要文档中的批注时，用户可以将其删除。删除批注的操作方法如下。

第一步，将鼠标光标放置在文档中需要删除的批注框内任意位置，即可选择要删除的批注。

第二步，此时【审阅】选项卡下【批注】组中的【删除】按钮处于可用状态，单击【删除】按钮，即可将所选中的批注删除。

第三步，如果需要对批注内容进行恢复，可以直接在第二步在批注内容下方输入恢复内容即在文格中进行恢复，选择需要恢复的批注，单击文档中批注框内的【恢复】按钮。

3. 修订文档

修订时显示文档中所做的诸如删除、插入或其他编辑更改的标记。修订文档的具体操作步骤如下。

第一步，单击【审阅】选项卡下【修订】组中【修订】按钮的下拉菜单。在弹出的快捷菜单中选择【修订】选项。

第二步，文档处于修订状态，此时文档中所做的所有修改内容将被记录下来。

如果修订的内容是正确的，这时即可将鼠标光标放置在需要接受修订的批注内的任意位置。单击【审阅】选项卡下【更改】组中的【接受】按钮，即可看到接受文档修订后的效果。

（四）文档保存

个人工作总结文档制作完成后，就可以保存制作后的内容了。

1. 保存已有文档

对已存在文档有三种方法可以保存更新。

方法1：单击【文件】选项卡，在左侧的列表中单击【保存】选项。

方法2：单击快速访问工具栏中的【保存】图标。

方法3：使用【Ctrl+S】组合键可以实现快速保存导出。

2. 另存文档

如果需要将个人工作总结文件另存至其他位置或以其他的名称保存，可以使用【另存为】。将文档另存的具体操作步骤如下：

在已修改的文档中，单击【文件】选项卡，在左侧的列表中单击【另存为】选项。

二、Word 图片与表格

(一) 插入图片

在用Word排版文档时，往往需要在文档中插入相应的图片才能增强文档的说服力，以利于用户更好地理解文档所表达的内容。在文档中可以插入多种图片类型，例如JPG、PNG、BMP、GIF等。在Word中插入的图片可以是从网上下载的，也可以是软件自带的。一般在文档中插入的图片类型有风景、人物、说明性的图片等。插入图片的具体操作方法如下。

1. 插入来自文件的图片

要在文档中插入图片，可以选择将图片文件存放在本地计算机中，然后在Word文档中插入来自文件的图片。具体操作方法如下：

第一步，定位光标至图片插入处，单击【插入】选项卡，单击"插图"组中的【图片】按钮，如图3-8所示。

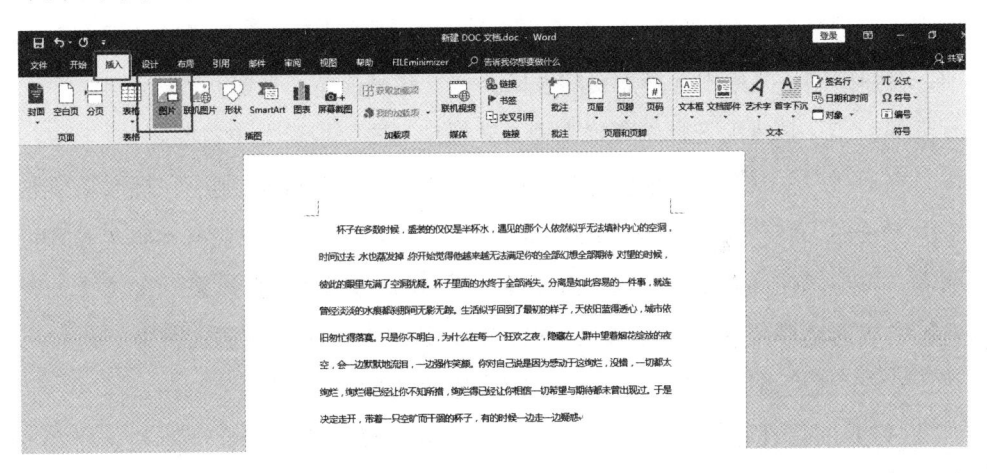

图3-8　在文档中插入图片的操作

第二步，打开"插入图片"对话框，在上方地址栏中选择要插入图片所在的位置，在列表框中选择要插入的图片"企业环境"；单击【插入】按钮。

2. 插入联机图片

当本地计算机中没有Word文档中需要应用的图片时，可以通过计算机访问互联网。在Word文档中应用"插入联机图片"功能可以插入Office免费版的剪贴画或搜索出的网络图像，具体方法如下：

第一步，定位光标至图片插入处，单击【插入】选项卡，单击"插图"组中的【联机图片】按钮。

第二步，打开"插入图片"对话框，在"必应图像搜索"的搜索框中输入搜索关键字"内部工作环境"，然后按【Enter】键。

（二）表格与图表的添加

Word 2016提供多种创建表格的方法，用户可根据需要选择。

1. 创建表格

（1）快速创建表格。用户可以利用Word 2016提供的内置表格模型来快速创建表格，但提供的表格类型有限，只适用于建立特定格式的表格。

第一步，将鼠标光标定位至需要插入表格的地方。单击【插入】选项卡下【表格】选项组中的【表格】按钮，在弹出的下拉列表中选择【快速表格】选项，在弹出的子菜单中选择需要的表格类型，这里选择"带副标题1"。

第二步，插入所选择的表格类型，并根据需要替换模板中的数据。

（2）使用表格菜单创建表格。使用表格菜单适合创建规则的、行数和列数较少的表格。最多可以创建8行10列的表格。将鼠标光标定位在需要插入表格的地方。单击【插入】选项卡下【表格】选项组中的【表格】按钮，在【插入表格】区域内选择要插入表格的行数和列数，即可在指定位置插入表格。选中的单元格将以橙色显示，并在名称区域显示选中的行数和列数。

（3）使用【插入表格】对话框创建表格。使用表格菜单创建表格固然方便，可是由于菜单所提供的单元格数量有限，因此只能创建有限的行数和列数。使用【插入表格】对话框，则不受数量限制，并且可以对表格中的内容、对表格的宽度进行调整。使用【插入表格】对话框创建表格，具体操作步骤如下。

第一步，将鼠标光标定位至需要插入表格的地方。单击【插入】选项卡【表格】选项组中的【表格】按钮，在其下拉菜单中选择【插入表格】选项。

第二步，弹出【插入表格】对话框，设置【列数】和【行数】，单击【确定】按钮。

> 📌 **小贴士**
>
> **"自动调整"操作区域中各个单选按钮的含义**
>
> 【固定列宽单选按钮】：设定列宽的具体数值，单位是厘米。当选择"自动"时表示表格将自动在窗口中填满整行，并平均分配各列宽度。
>
> 【根据内容调整表格单选按钮】：根据单元格的内容自动调整表格的列宽和行高。
>
> 【根据窗口调整表格单选按钮】：根据窗口大小自动调整表格的列宽和行高，插入表格后，将鼠标指针移动到表格的右下角，当鼠标指针变为小箭头形状时，按住鼠标左键并拖曳，即可调整表格的大小。

三、Word 文档排版

（一）封面设计（背景效果设置）

在默认情况下，新建 Word 文档的页面都是白色的。随着人们审美水平的不断提高，这种中规中矩的样式早已跟不上时代的潮流。为了让阅读者在阅读时心情得到放松，可以为文档页面背景添加水印效果、填充颜色等，以衬托文档中的文本内容。

水印是指显示在 Word 文档背景中的文字或图片，它不会影响文字的显示效果。在打印一些重要文件时给文档加上水印，例如"绝密""保密"等字样，可以让获得文件的人在第一时间知道该文档的重要性。例如，要为"保密协议"文档添加水印，具体操作方法如下。

单击【设计】选项卡的【页面背景】组中的【水印】按钮，在弹出的下拉菜单中选择【自定义水印】命令，如图 3-9 所示。

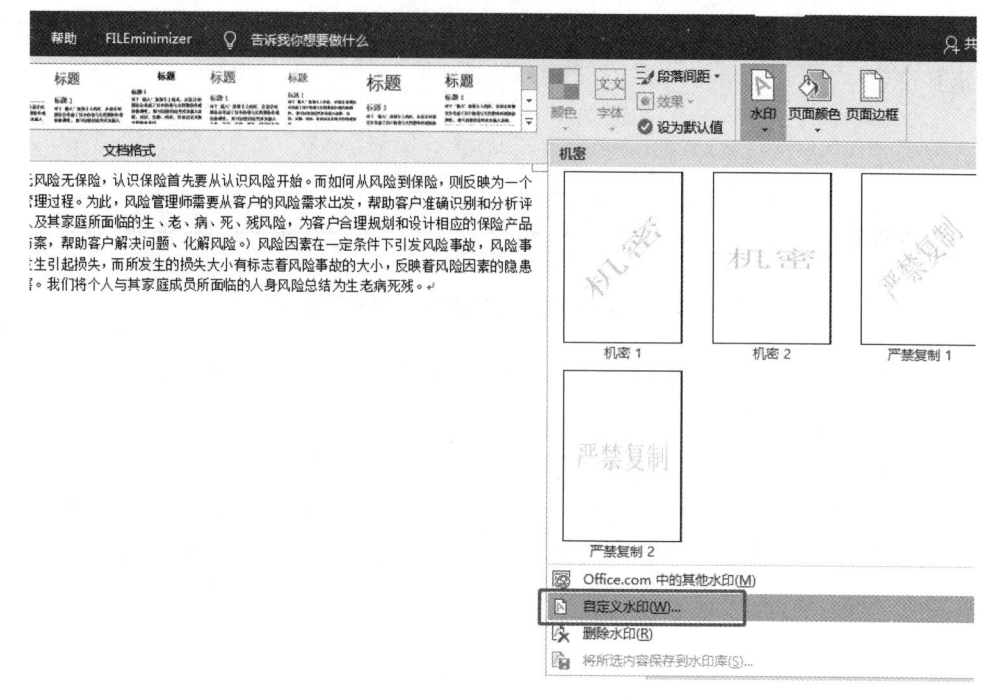

图3-9　水印添加方法

> **小贴士**
>
> 在【水印】对话框中选中【图片水印】选择按钮并进行相应设置，还可以自定义图片水印效果。如果水印影响了读者阅读页面中的文字，可将图片水印设置为"冲蚀"效果。文字水印多用于说明文件的属性，通常起到提醒阅读者的作用，而图片水印大多用于修饰文档。
>
> 打开【水印】对话框，选中【文字水印】单选按钮，在下方设置水印的文字类型、具体内容、采用的字体等，单击【确定】按钮，即可在文档中添加相应的水印效果。

（二）页面设置

在文档内容输入完成后，多数情况下还需要进行格式设置，以使文档看起来更规范。首先需要设置的就是文档的页面格式，即确定纸张大小、纸张方向和页边距等。

1. 设置纸张大小

最常用的纸张大小为A4、16开、32开和B5，不同文档的纸张大小可能不同。在默认情况下，新建Word文档的纸张大小为A4，但用户也可以根据文档内容的需要自定义页面大小。具体操作方法为：单击【布局】选项卡的【页面设置】组中的【纸张大小】按钮，在弹出的下拉菜单中选择需要的纸张大小。

2. 设置纸张方向

Word中的纸张有两个使用方向：一是纵向使用，二是横向使用。一般正规型文档使用纵向纸张，在编辑特殊文档时才使用横向纸张，如制作贺卡、横向表格和宣传页等。具体操作方法为：单击【布局】选项卡的【页面设置】组中的【纸张方向】按钮，在弹出的下拉菜单中选择"横向"命令。

3. 设置页边距

页边距是指页面中文字与页面上、下、左、右边线的距离，且在页面的四个角上有相应的符号，它表示文字的边界。设置页边距能够规划文档版心的位置，即正文的排放位置。在设置时应考虑文档的装订位置，是否需要在文档左侧或右侧留有装订线，或根据文档的奇偶页不同设置相应的装订线位置。另外，用户还经常会在页边距内的可打印区域中插入文字和图形，如将页眉、页脚和页码等项目放置在页边距区域中。在为文档设置页边距时可根据文档内容的多少及纸张大小来设置。如要通过调整页边距让相关文档内容显示在一页中，具体操作方法为单击【布局】选项卡的【页面设置】组中的【页边距】按钮，在弹出的下拉菜单中选择【窄】命令。

（三）目录插入与提取

目录是一篇长文档或一本书的大纲提要，用户可以通过目录了解整个文档的整体结构，以便把握整个内容框架。在Word中可以直接将文档中套用样式的内容创建为目录，也可以根据需要添加特定内容到目录中。

不少科研书籍末尾处包含索引，其中的内容是书籍中某些关键字词所在的页码，索引就是为了快速查找书籍中某个字词而建立的。如果文档中的各级标题应用了Word 2016定义的各级标题样式，那么创建目录将十分方便，具体操作步骤如下。

第一步，检查文档中的标题，确保它们已经以标题样式被格式化。

第二步，将插入光标移到需要制作目录的位置，通常位于文档的开头。

第三步，切换到功能区中的【引用】选项卡，单击【目录】组中的【目录】按钮，出现如图3-10所示的"目录"下拉菜单。选择一种自动目录样式，即可快速生成该文档的目录。

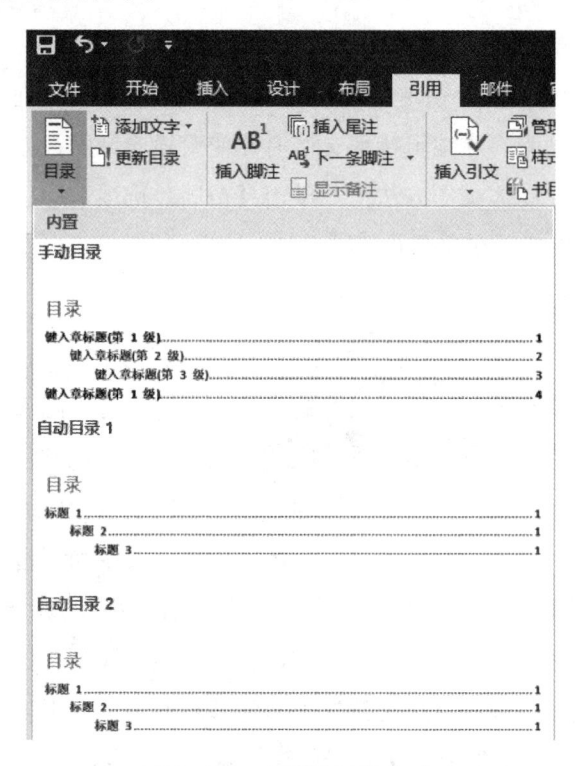

图3-10 "目录"的生成

如果要利用自定义样式生成目录，可以按照下述步骤进行操作。

第一步，将光标移到文档中要插入目录的位置，切换到功能区中的【引用】选项卡，单击【目录】组中的【目录】按钮，从弹出的菜单中选择【插入目录】命令，打开所示的【目录】对话框。

第二步，在【格式】下拉列表框中选择目录的风格，选择的结果可以通过【预览】框查看。如果选择【来自模板】，则表示使用内置的目录样式(目录1~目录9)格式化目录。如果选中【显示页码】复选框，则表示在目录中每个标题后面将显示页码；如果选中【页码右对齐】复选框，表示让页码右对齐。

第三步，在【显示级别】下拉列表框的指定目录中选择所要显示的标题层次(选择1时，只有标题1样式包含在目录中；选择2时，标题1和标题2样式都包含在目录中，以此类推）。

第四步，如果要从文档的不同样式中创建目录，且不想根据"标题1~标题9"样式创建目录，而要根据自定义的"一级标题"样式创建目录，可以单击【选项】按钮，打开【目录选项】对话框。在【有效样式】列表框中找到标题使用的样式，然后在【目录级别】文本框中指定标题的级别，并单击【确定】按钮（见图3-11）。

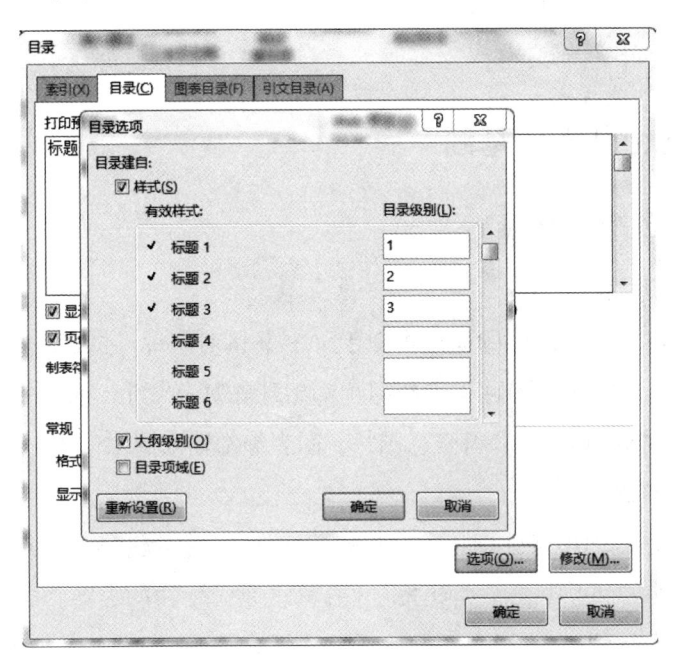

图3-11　目录的创建

第五步，如果希望修改生成目录的外观格式，可以在【目录】对话框中单击【修改】按钮，打开【样式】对话框，选择目录级别，然后单击【修改】按钮，即可打开【修改样式】对话框修改该目录级别的格式。

第六步，单击【确定】按钮，即可在文档中插入目录。

第三节 Excel 办公应用

一、Excel 操作基础

（一）创建工作簿

1. 工作簿与工作表

工作簿与工作表之间的关系类似于一本书和书中每一页之间的关系。一本书由不同的页数组成，各种文字和图片都出现在每一页上，而工作簿由工作表组成，所有数据包括数字、符号、图片、图表等都输入到工作表中。

（1）工作簿

工作簿是Excel用来处理和存储数据的文件，其扩展名为".xlsx"，其中可以含有一个或多个工作表。实质上，工作簿就是工作表的容器。启动Excel 2016选择"空白工作簿"时，会打开一个名为"工作簿1"的空白工作簿。当然，也可以在保存工作簿时，重新为其定义一个自己喜欢的名字。

（2）工作表

在Excel 2016中，每个工作簿就像一个大的活页夹，工作表就像其中一张张的活页纸。工作表是工作簿的重要组成部分，它又称为电子表格。用户可以在一个工作簿文件中管理各种类型的相关信息。例如，在一个工作表中存放"1月销售"的销售数据，在另一个工作表中存放"2月销售"的销售数据等，而这些工作表都可以包含在一个工作簿中。

（3）单元格

Excel作为电子表格软件，其数据的操作都在组成表格的单元格中完成。一张工作表由行和列构成，每一列的列标由A、B、C等字母表示，每一行的行号由1、2、3等数字表示。行与列的交叉处形成一个单元格，它是Excel 2016进行工作的基本单位。在Excel 2016中，单元格是按照单元格所在的行和列的位置来命名的，如单元格D4，就是指位于第D列第4行交叉点上的单元格。要表示一个连续的单元格区域，可以用该区域左上角和右下角单元格表示，中间用冒号"："分隔，如C1：F3表示从单元格C1到F3的区域。

2. 创建工作簿

笔者主要对工作簿和工作表的基本操作进行介绍，如工作簿的创建、保存，工作表的剪切、复制、删除操作等。通过对本节的学习，可以使用户了解工作簿和工作表的基本操作方法，并为下一步学习表格数据操作打下基础。有以下几种方法可以创建新的工作簿。

（1）在Excel工作窗口中创建。由系统开始菜单或桌面快捷方式启动Excel，启动后的Excel工作窗口中自动创建了一个空白工作表，如多次重复启动动作，则名称中的编号依次增大，这个工作簿在用户进行保存操作之前都只存在于内存中，没有实体文件存在。在现有的工作窗口中，有以下几种等效操作可以创建新的工作簿：在菜单栏上依次单击"文件""新建"，在窗口右侧的"新建工作簿"任务窗格中单击"空白工作簿"命令，在工具栏上单击【新建】图标，在键盘上按【Ctrl+N】组合键。新创建的工作簿同样只存在于内存中，并会依照创建次序自动命名。安装了Excel 2003的Windows系统，会在鼠标右键快捷菜单中自动添加"新建Excel工作表"选项。

（2）在系统中创建工作簿文件。快捷命令，通过这一快捷菜单命令也可以创建新的Excel工作簿文件，并且所创建的工作簿是一个存在于磁盘空间内的真实文件。操作方法为：在Windows桌面或文件夹窗口的空白处单击鼠标右键，在弹出的快捷菜单中依次单击【新建】Microsoft Excel工作表，即可在当前位置创建一个新的Excel工作簿文件，双击此新建的文件即可在Excel工作窗口中打开此工作簿。

（二）文本编辑

1. 文本输入

文本是Excel中常用的一种数据类型，如表格的标题、行标题与列标题等。文本数据包含任何字母(包括中文字符)、数字和键盘符号的组合。输入文本的具体操作步骤如下。

第一步，选定单元格A1，输入"员工工资表"后，按【Enter】键，或者单击编辑栏上的"输入"按钮。

第二步，单击单元格A3，编号输入完毕后，按【Tab】键可以选定右侧的活动单元格，按【Enter】键可以选定下方的单元格为活动单元格，按方向键可以自由选定其他单元格为活动单元格。

第三步，重复第二步的操作，在其他单元格中输入相应的数据。

第四步，用户还可以在编辑栏中输入文本，只需单击要输入文本的单元格，然后单击编辑栏，在光标处输入所需的内容，完成后按【Enter】键确认即可。用户输入的文本超过单元格宽度时，如果右侧相邻的单元格中没有任何数据，超出的文本延伸到右侧单元格；如果右侧相邻的单元格中已有数据，则超出的文本被隐藏起来，只要增大列宽、以自动换行的方式格式化该单元格，就能够看到全部的内容。

2. 编辑单元格内容

对于已经包含数据的单元格，用户可以激活目标单元格，重新输入新的内容来替换原有数据；但如果用户只想对其中的原有内容进行编辑修改，则可以激活单元格，进入编辑模式。有以下几种方式可以进入单元格编辑模式。

方法1：双击单元格，在单元格中的原有内容后会出现线形光标，提示当前进入编辑模式，光标所在位置为数据输入位置，在内容中的不同位置单击鼠标左键或使用左右方向键，可以移动光标插入点的位置。用户可在单元格中直接对其内容进行修改。

方法2：选中目标单元格，然后单击Excel工作窗口的编辑栏内部。这样可将竖线形光标定位于编辑栏内，效果与上一步相同，激活编辑栏的编辑模式。用户可在编辑栏内对单元格原有内容进行编辑修改。

（三）单元格的基本操作

1. 单元格和区域

在了解行、列的概念和基本操作之后，可以进一步学习和理解单元格和区域，它们都是工作表最基本的构成元素和操作对象。

行与列相互交叉所形成的一个个格子被称为"单元格"，单元格是工作表最基本的组成元素。单元格的英文名称"Cell"包含了细胞的含义，细胞是构成组织器官乃至肌体的最基本元素，众多的单元格也正如同细胞一样组成了一张完整的工作表，默认每张工作表中所包含的单元格数目共有16777216个。每个单元格都可通过单元格地址来进行标识，单元格地址由它所在列的列标和所在行的行号所组成，其通常为"字母+数字"的形式。例如，地址为"A1"的单元格就是位于A列第1行的那个单元格。用户可以在单元格内输入和编辑数据，单元格中可保存的数据包括数值、文本和公式，除此以外，用户还可以为单元格添加批注以及设置多种格式。

2. 单元格的选取和定位

在当前的工作表中，无论用户是否曾经用鼠标单击过工作表区域，都存在一个被激活(被选定)的活动单元格。例如图3-12中，D5单元格即为当前被激活(被选定)的活动单元格。活动单元格的边框显示为黑色矩形线框，在Excel工作窗口的名称框中会显示此活动单元格的地址，在编辑栏中则会显示此单元格中的内容。活动单元格所在的行列标签也会显示出不同的颜色。对于一些位于隐藏行列中的单元格，无法通过鼠标或键盘激活，只能通过直接定位的方式来激活。

图3-12 被激活的单元格

3. 区域的基本概念

区域(Area)的概念实际上是单元格概念的延伸，多个单元格所构成的单元格群组就被称为"区域"。构成区域的多个单元格之间可以是相互连续的，它们所构成的区域就是连续区域，连续区域的形状总为矩形，多个单元格之间也可以是相互独立不连续的，它们所构成的区域就称为不连续区域。对于连续区域，可以用矩形区线左上角和右下角的单元格地址来进行标识。例如，连续区域地址为"C5：F11"，则表示此区域包含了从C5单元格到F11单元格的矩形区域，矩形区域宽度为4列，高度为7行，总共包含28个连块单元格。与此类似，"A5：N5"表示区域为工作表的第5行整行。

（四）保存与共享

1. 保存工作簿

工作簿都需要经过保存才能成为磁盘空间的实体文件，用于以后的读取和编辑。培养良好的保存文件习惯对于长时间进行表格操作的用户来说具有特别重要的意义，经常性地保存工作可以避免很多由系统崩溃、停电故障等原因所造成的损失。

有以下几种等效操作可以保存当前窗口中的工作簿：在菜单栏上依次单击【文件】→【保存】(或【另存为】)在【常用】工具栏上单击【保存】图标；在

键盘上按【Shift+F12】组合键等；经过编辑修改的工作簿在被关闭时会自动弹出信息，询问用户是否要求保存，单击【是】就可以保存此工作簿，如图3-13所示。

图3-13　工作簿的保存操作

2.【另存为】工作簿

在对新建的工作簿进行第一次保存操作时，会弹出【另存为】对话框。在【另存为】对话框左侧【我的位置】面板或【保存位置】列表框中可以选择操作系统中的某个常用路径，然后可在对话框中间的列表框内进一步选择具体的文件存放路径。如果需要新建一个文件夹，可以单击【新建文件夹】按钮，在当前路径中创建一个新的文件夹。用户可以在【文件名】栏中为工作簿命名，文件保存类型一般默认为"Microsoft Office Excel工作表"，即以".xls"为扩展名的文件。最后单击【保存】按钮，即完成保存操作，另存为"保存"与另存为Excel有两个与保存功能相关的菜单命令，分别是【保存】与【另存为】，它们的名字和实际作用都非常相似，但实际上却有一定的区别，对于新创建的工作表，在重新执行保存操作时，【保存】与【另存为】命令的功能将完全相同，它们都将调出Excel的【另存为】对话框，供用户进行路径定位、文件命名和保存等一系列设置。

二、Excel数据处理与分析图表

（一）数据筛选与分类排序

1. 数据筛选

数据筛选是指隐藏不准备显示的数据行，显示指定条件的数据行的过程。使用数据筛选可以快速显示选定数据行的数据，从而提高工作效率。Excel提供了多种筛选数据的方法，包括自动筛选和自定义筛选等。

（1）自动筛选。自动筛选是指按单一条件进行数据筛选，从而显示符合条件的数据行。例如，筛选出相应类别的销售数据。具体操作步骤如下。

第一步，单击数据区域的任意一个单元格，切换到功能区中的【数据】选项卡，在【排序和筛选】组中单击【筛选】按钮，在表格中的每个标题右侧将显示一个向下箭头。

第二步，单击【类别】右侧的向下箭头，在弹出的下拉菜单中，要想仅选择相应类别，可以撤选【全选】复选框，然后选择相应类别复选框。

第三步，单击【确定】按钮即可显示符合条件的数据，如果要取消对某一列进行的筛选，可以单击该列旁边的向下箭头，从下拉菜单中选中【全选】复选框，然后单击【确定】按钮。如果要退出自动筛选，可以再次单击【数据】选项卡【排序和筛选】选项组中的【筛选】按钮。

（2）自定义筛选。使用自动筛选时，对于某些特殊的条件，可以使用自定义自动筛选方式对数据进行筛选。例如，为了筛选出【销售额】在11700~20000元之间的记录，可以按照下述步骤进行操作：单击包含要筛选的数据列中的向下箭头（如单击【销售额】右侧的向下箭头），从下拉菜单中选择【数字筛选】→【介于】命令，出现【自定义自动筛选方式】对话框。

首先，在【大于或等于】右侧的文本框中输入"11700"。如果要定义两个筛选条件，并且要同时满足，选中【与】，单选按钮如果只需满足两个条件中的任意一个，则选中【或】单选按钮。

其次，在【小于或等于】右侧的文本框中输入“20000”。单击【确定】按钮，即可显示符合条件的记录。

举例说明如下：

第一步，打开示例用的工作簿，准备显示其中的【实发金额】，如图3-14所示，以“11700~20000”之间的数据行作为示例。

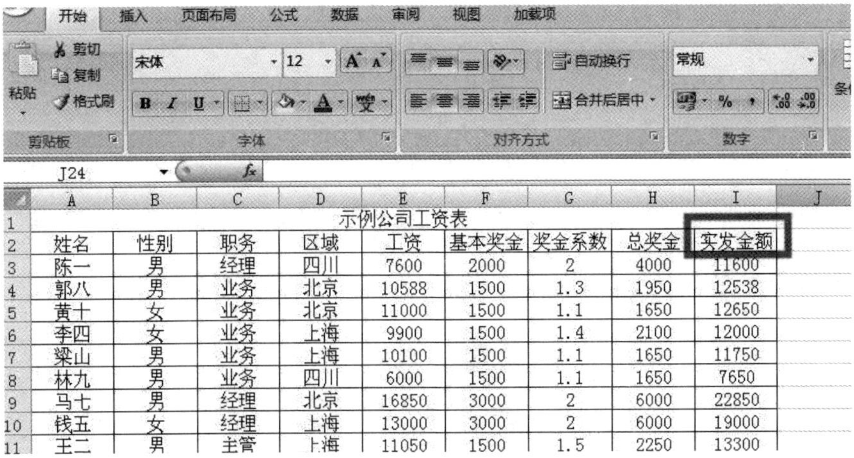

	A	B	C	D	E	F	G	H	I
1	示例公司工资表								
2	姓名	性别	职务	区域	工资	基本奖金	奖金系数	总奖金	实发金额
3	陈一	男	经理	四川	7600	2000	2	4000	11600
4	郭八	男	业务	北京	10588	1500	1.3	1950	12538
5	黄十	女	业务	北京	11000	1500	1.1	1650	12650
6	李四	女	业务	上海	9900	1500	1.4	2100	12000
7	梁山	男	业务	上海	10100	1500	1.1	1650	11750
8	林九	男	业务	四川	6000	1500	1.1	1650	7650
9	马七	男	经理	北京	16850	3000	2	6000	22850
10	钱五	女	经理	上海	13000	3000	2	6000	19000
11	王二	男	主管	上海	11050	1500	1.5	2250	13300

图3-14 数据行的选择

第二步，先用鼠标左键单击任一数据单元格，如图3-15所示，再用鼠标左键单击顶端的【数据】选项卡中的【排序和筛选】功能组中的【筛选】功能，可见表格出现了【筛选】控制按钮。

职场基本功

图3-15 用鼠标左键单击任一数据单元格的操作

第三步，用鼠标左键单击【实发金额】旁的【筛选】按钮，如图3-16所示，在弹出的菜单中点击【数字筛选】，再点击【自定义筛选】。

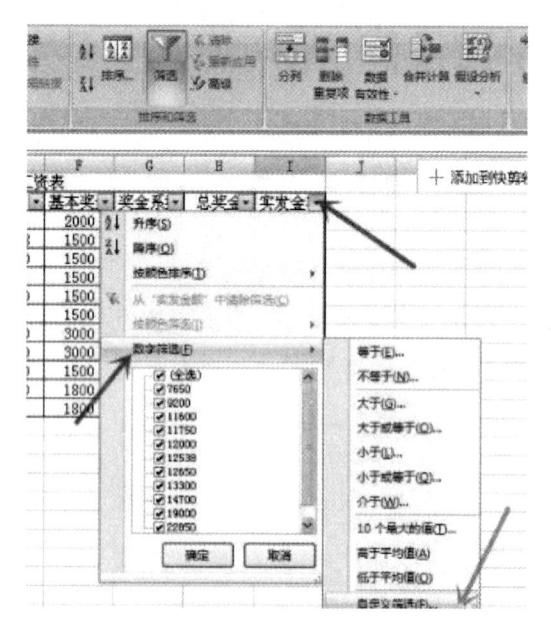

图3-16 筛选操作

第四步，弹出【自定义自动筛选方式】对话框，我们要设置的金额在

"11700~20000"之间，因此通过下拉箭头，输入数据等方式进行设置，如图3-17所示，设定后点击【确定】按钮。

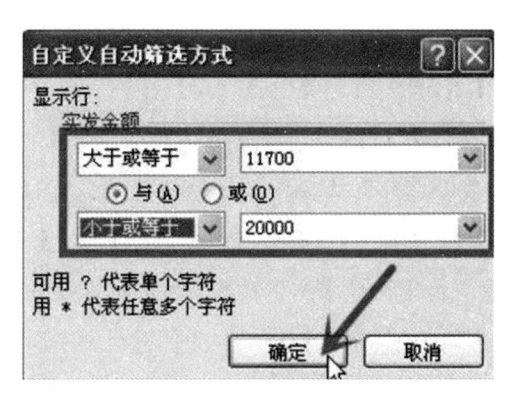

图3-17 金额的设定

第五步，经过上述操作，表格只显示实发金额在"11700~20000"之间的数据行。

2. 数据排序

（1）分类排序。数据排序可以使工作表中的数据记录按照规定的顺序排列，从而使工作表条理清晰。

○ 按列简单排序

按列简单排序是指对选定的数据以所选定数据的第一列数据作为排序关键字进行排序的方法。按列简单排序可以使数据结构更加清晰，便于查找。下面以"学生成绩表"按"总分"升序排序为例，按列简单排序的操作步骤如下：

第一步，单击工作表F列中任意一个单元格。

第二步，切换到功能区中的【数据】选项卡，在【排序和筛选】组中单击【升序】按钮，所有数据将按总分由高到低进行排列。

○ 按行简单排序

按行简单排序是指对选定的数据以其中的一行作为排序关键字进行排序的方法，可以快速直观地显示数据并让用户更好地理解数据。按行简单排序的具体操作步骤如下：

第一步，打开要进行单行排序的工作表，单击数据区域中的任意一个单元格，然后切换到功能区中的【数据】选项卡，在【排序和筛选】组中单击【排序】按钮，打开【排序】对话框。

第二步，单击【选项】按钮，弹出【排序选项】对话框，在【方向】选项组内选中【按行排序】单选按钮，单击【确定】按钮。

第三步，返回【排序】对话框，单击【主要关键字】列表框右侧的向下箭头，在弹出的下拉列表中选择作为排序关键字的选项，如【行3】。在【次序】列表框中选择【升序】或【降序】选项，然后单击【确定】按钮。

（2）自定义排序。自定义排序是指对选定的数据区域按用户定义的顺序进行排序。这里以自定义【甲、乙、丙、丁……】为例进行排序，具体操作步骤如下。

第一步，选定准备排序的数据区域，切换到功能区中的【数据】选项卡，在【排序和筛选】组中单击【排序】按钮，弹出【排序】对话框。在【主要关键字】下拉列表框中选择【等级】，在【次序】下拉列表中选择【自定义序列】选项。

第二步，出现【自定义序列】对话框，从【自定义序列】下拉列表中选择【甲、乙、丙、丁……】，然后单击【确定】按钮。此时，在【排序】对话框的【次序】下拉列表框中显示【甲、乙、丙、丁……】，表示对【等级】所在的列按自定义【甲、乙、丙、丁……】进行排序。

第三步，单击【确定】按钮即可看到排序后的结果。

（二）统计分析图表

人们在实际工作中常用图表来描述数据之间的联系。Excel在提供强大的数据功能的同时，也提供了实用的图表。

图表是图形化的数据，其由点、线、面等图形与数据文件结合的方式组合而成；用户使用Excel工作表内的数据做图表，生成的图表也存储在工作表中。图表是数据呈现的重要组成部分，具有直观形象、种类丰富、双向联动等特点。

数据是图表的基础，若要创建图表，首先需在工作表中为图表准备数据。Excel提供了四种基于工作表中的数据创建图表的方法，依次单击菜单栏上的【插入】→【图表】命令，打开【图表向导】对话框创建图表。

直接单击【常用】工具栏上的【图表向导】按钮，依【图表向导】对话框创建图表。

选中目标数据区域，然后按【F11】键创建图表并新建图表工作表。单击【图表】工具栏上的【图表类型】下拉列表中的图表按钮，创建所选图表类型的图表。Excel 2016新增的【快速分析】工具，只需单击一下即可将数据转换为图表，具体操作步骤如下。

选择包含所要分析数据的单元格区域，单击显示在选定数据右下方的【快速分析】按钮。在【快速分析】中单击【图表】选项卡，选择要使用的图表类型，即可快速创建图表。当用户创建图表后，在图表旁新增三个按钮，让用户快速选择和预览对应的图表元素(如标题或标签)和图表的外观和样式或显示数据的更改。图表既可以放在工作表上，也可以放在工作簿的图表工作表上。直接出现在工作表上的图表称为嵌入式图表，图表工作表是工作簿中仅包含图表的特殊工作表。嵌入式图表和图表工作表都与工作表的数据相链接，并随工作表数据的更改而更新。

创建图表的具体操作步骤如下。

首先，在工作表中选定要创建图表的数据。

其次，切换到功能区中的【插入】选项卡，在【图表】组中选择要创建的图表类型，这里单击【柱形图】按钮，在弹出的菜单中选择需要的图表类型，即可在工作表中创建图表。

举例说明：

第一步，如图3-18所示，框选出需要制作表格的单元格，"某商场上半年销售情况"这个标题不能框选中，因为这个是合并单元格，若框选中的话表格是不能创建的。

品牌	一月	二月	三月	四月	五月	六月
酷派	120	185	200	176	190	200
索尼	195	210	150	160	190	200
三星	200	180	160	190	210	150

图3-18 框选单元格的操作

第二步，在菜单栏找到【插入】，选择【图表】并点击，如图3-19所示。

图3-19　插入图表的操作

第三步，在弹出窗口中选择柱形图，并点击【下一步】，如图3-20所示。

图3-20　图表选择

第四步，点击【下一步】，然后在图表标题一栏打入"某商场上半年销售情况"，在X轴键入"月份"，在Y轴键入"品牌"，再点击【下一步】，完成数据表格插入，如图3-21所示。

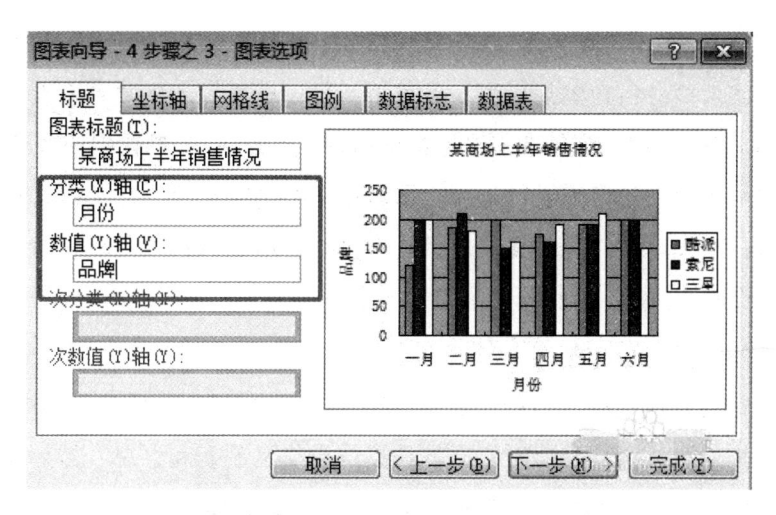

图3-21 数据表格插入

（三）数据透视表与透视图

本书将向读者介绍如何创建数据透视表、设置数据透视表的格式、数据透视表的排序及创建动态数据源的数据透视表与复合式的数据透表，以及透视表的进阶使用技巧。通过学习，可以让读者掌握创建数据透视表的基本方法和运用技巧。

1. 关于数据透视表

数据透视表是用来从Excel数据列表、关系数据库文件或OLAP多维数据集中的特殊字段中总结信息的分析工具。它是一种交互式报表，可以快速分类汇总和比较大量的数据，并可以随时选择不同页、行和列中的不同元素，以快速查看源数据的不同统计结果，同时还可以显示和打印出你所感兴趣区域的明细数据。

数据透视表有机地综合了数据排序、筛选、分类汇总等数据分析的优点，可方便地调整分类汇总的方式，灵活地以多种不同方式展示数据的特征。一张数据透视表仅靠鼠标移动字段位置，即可变换出各种类型的报表。同时，数据透视表也是解决函数公式速度瓶颈的手段之一。因此，它是Excel中最常用、功能最全的数据分析工具之一。

161

数据透视表是一种对大量数据快速汇总和建立交叉列表的交互式动态表格，能帮助用户分析数据。例如，计算平均数、标准差、建立列联表、计算百分比、建立新的数据子集等。建好数据透视表后，可以对数据透视表重新安排，以便从不同的角度查看数据。数据透视表的名字来源于它具有"透视"表格的能力，从大量的、看似无关的数据中寻找背后的联系，从而将纷繁的数据转化为有价值的信息，以供研究和决策所用。

2. 创建数据透视表

合理运用数据透视表进行计算与分析，能使许多复杂的问题简单化并极大地提高工作效率。用户可以对已有的数据进行交叉制表和汇总，然后重新发布并立即计算出结果。创建数据透视表的具体操作步骤如下。

第一步，选择数据区域中的任意一个单元格，切换到功能区中的【插入】选项卡，在【表格】组中单击【数据透视表】按钮。

第二步，打开【创建数据透视表】对话框，选中【选择一个表或区域】单选按钮，并在【表/区域】文本框中自动输入光标所在单元格所属的数据区域。在【选择放置数据透视表】的位置选项组中选中【新工作表】单选按钮。

第三步，单击【确定】按钮，即可进入数据透视表设计环境。

第四步，从【选择要添加到报表的字段】列表框中，将【单价】拖到下方的【筛选器】框中，将【销售数量】拖到【行】框中，将【销售金额】拖到【值】框中。

第五步，用户可以单击右侧的向下箭头，选择具体显示的产品类别，并显示类别，如图3-22所示。

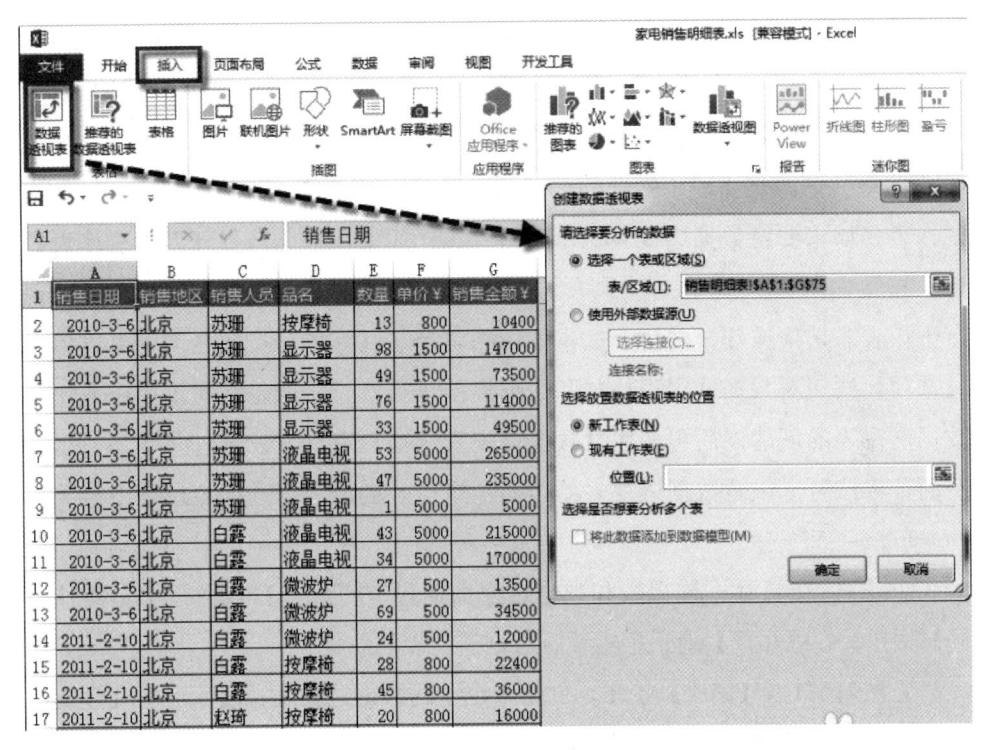

图3-22　数据透视表的创建

3. 使用快捷向导创建数据透视表

使用数据透视表和数据透视图向导可以创建数据透视表，启用此向导的方法是单击Excel菜单栏中的【数据】→【数据透视表和数据透视图】。在该向导的指导下，用户只要按部就班地进行操作，就可以轻松地完成数据透视表的创建。

第一步，指定数据源的类型。销售数据清单中任意一个数据单元格，单击菜单【数据】→【数据透视表和数据透视图】，出现【数据透视表和数据透视图向导3步骤之1】对话框。该步骤帮助用户确定数据源类型和报表类型。单击不同选项的按钮，对话框左侧的图像中会产生相应变化。此处保留对默认选项的选择，即数据源类型为Excel数据列表，报表类型为数据透视表。

第二步，指定数据源的位置。指定了数据源类型后，单击【下一步】按钮，向导将显示第二个对话框——【数据透视表和数据透视图向导3步骤之2】，要求指定数据源的位置。该步骤用于选定数据源区域。由于数据列表都是位于某个连

163

续的单元格区域，所以，一般情况下Excel会自动识别数据源所在的单元格区域，并填入到【选定区域】框。如果Excel识别的数据源区域不正确，则需要用户重新选定区域，单击【选定区域】的折叠按钮选定整个数据源范围。

如果数据源是当前未打开的数据列表，可以单击【浏览】按钮打开另一个工作表。如果要将数据透视表显示到新的工作表上，可以选择【新建工作表】选项按钮，Excel将为数据透视表插入一个新的工作表；否则，可以选择【现有工作表】选项按钮，并且在文本框中指定单击【完成】按钮之前，可以单击【选项】按钮对数据透视表格式和数据提前进行设置。但是，建议用户在完成数据透视表的创建以后再使用【数据透视表选项】对话框设置这些选项，后者有两种方法可以设置数据透视表的布局，这也是创建数据透视表过程中最关键的一步。

方法1：在【数据透视表和数据透视图向导3步骤之3】对话框中单击【布局】按钮，在【布局】对话框中设置数据透视表的结构。

方法2：单击【完成】按钮，创建一个空的数据透视表，然后使用【数据透视表字段列表2】工具栏来布局数据透视表。

4. 使用对话框布局数据透视表

当用户在【数据透视表和数据透视图向导3步骤之3】对话框内单击【布局】按钮时，会出现【数据透视表和数据透视图向导——布局】对话框。销售数据清单中的各列标题作为按钮出现在对话框的右半部分。用鼠标拖动这些按钮，将其按自己的设计要求放置在左边图中相应的位置就可以构造出数据透视表。从结构上看，数据透视表分为四个部分。

(1)页：此标志区域中按钮将作为数据透视表的分页符。

(2)行：此标志区域中按钮将作为数据透视表的行字段。

(3)列：此标志区域中按钮将作为数据透视表的列字段。

(4)数据：此标志区域中按钮将作为数据透视表显示汇总的数据。

拖动到【列】区域；将【销售金额】字段按钮拖动到【数据】区域；将【销售数量】【商品名称】【销售人员】字段按钮拖动到【行】区域；单击【确定】按钮关闭【布局】对话框，最后单击【数据透视表和数据透视图向导3

步骤之3】对话框的【完成】按钮，即可创建出如图3-23所示的数据透视表。

图3-23 数据透视表

5.创建数据透视图

数据透视图是以图形的形式表示的数据透视表，其与图表和数据区域之间的关系相同，各数据透视表之间的字段相互对应。

如果要创建数据透视图，可以按照下述步骤进行操作。

第一步，选定数据透视表中的任意一个单元格。

第二步，切换到功能区中的【数据透视表工具/分析】选项卡，在【工具】组中单击【数据透视图】按钮，出现【插入图表】对话框，先从左侧列表框中选择图表类型，然后从右侧列表框中选择子类型。

第三步，单击【确定】按钮，即可在文档中插入图表。

第四步，为了仅显示【测试部】和【开发部】的数据，在【数据透视图筛选窗格】中，在【部门】下拉列表框中选中【测试部】和【开发部】复选框。

第五步，单击【确定】按钮，可看到数据透视图中筛选出的数据。

第六步，切换到功能区中的【数据透视表工具/设计】选项卡，在【图表样式】组中选择一种图表样式，即可快速改变数据透视图的样式。

三、Excel 公式及函数应用

（一）输入和编辑公式

本部分对函数与公式的定义、单元格引用、Excel运算符、公式的使用限制、错误与检查基本概念和方法进行介绍。理解并掌握这些基础知识，对于进一步学习和运用函数将起到重要的作用。

1. 认识公式

（1）基本概念。公式是对单元格中的数据进行分析的等式，它可以对数据进行加、减、乘、除或比较等运算。公式可以从同一工作表中的其他单元格、同一工作簿中不同工作表的单元格或者其他工作表中的单元格中引用。Excel 2016 中的公式遵循一个特定的语法，即最前面是等号（＝），后面是参与计算的元素(运算数)和运算符。每个运算数可以是不改变的数值（常量）、单元格或区域的引用、标志、名称或函数。例如，在"=7+8×9"的公式中，结果等于8乘以9再加7。又如，"=SUM(B3:E10)"是一个简单的求和公式，它由函数SUM、单元格区域引用B3:E10以及两个括号运算符"("和")"组成。

函数：函数是预先编写的公式，可以对一个或多个值执行运算，并返回一个或多个值。函数可以简化和缩短工作表中的公式，尤其是用公式执行较长或较复杂的计算时。

(2) 公式中的运算符。在输入的公式中，各个参与运算的数字和单元格引用都由代表各种运算方式的符号连接而成，这些符号被称为运算符。常用的运算符有算术运算符、文本运算符、比较运算符和引用运算符。

a. 算术运算符

算术运算符用来完成基本的数学运算，如加法、减法、乘法、除法等。算术运算符如表3-1所示。

表3-1　　　　　　　　　　　算术运算符

算术运算符	功能	示例
+	加	10+5
−	减	10−5
−	负数	−5
*	乘	10*5
/	除	10/5
%	百分号	5%
^	乘方	5^2

b. 文本运算符

在Excel中，可以利用文本运算符（&）将文本连接起来。在公式中使用文本运算符时，以"="开始输入文本的第一段(文本或单元格引用)，然后加入文本运算符（&）输入下一段（文本或单元格引用）。例如，在单元格A1中输入"一季度"，在A2中输入"销售额"，在C3单元格中输入"=A1&"累计"&A2"，结果为"一季度累计销售额"。

c. 比较运算符

比较运算符可以比较两个数值并产生逻辑值TRUE或FALSE。比较运算符如表3-2所示。

表3-2　　　　　　　　　　比较运算符

比较运算符	功能	举例
=	等于	A1=A2
<	小于	A1<A2
>	大于	A1>A2
<>	不等于	A1<>A2
<=	小于等于	A1<=A2
>=	大于等于	A1>=A2

d. 引用运算符

引用运算符主要用于连接或交叉多个单元格区域，从而生成一个新的区域，各引用运算符的具体情况如表3-3所示。

表3-3　　　　　　　　　　引用运算符

引用运算符	含义	示例
：（冒号）	区域运算符，对两个引用之间、包括两个引用在内的所有单元格进行引用	SUM(A1:A5)
，（逗号）	联合运算符，将多个引用合并为一个引用	SUM(A2:A5，C2:C5)
	交叉运算符，标识几个单元格区域所重叠的那些单元格	SUM(B2:A5，C1:C4)

（3）公式的输入、编辑与复制。用户在输入公式时，通常以等号"="作为开始，Excel的智能识别功能也允许使用加减号作为公式的开始，系统会自动前置等号，否则Excel只能将其识别为文本。当单元格中首先输入"="时，Excel就会识别其为公式输入的开始，按【Enter】键结束公式的编辑。如果用户希望对原有公式进行编辑，使用以下几种方法可以进入单元格编辑状态。

第一种，选中公式所在单元格，并按下【F2】键。

第二种，双击公式所在单元格。

第三种，选中公式所在单元格，单击列标上方的编辑栏。

2. 名字的定义与使用

（1）名称的概念。Excel的名称(Names)与普通公式类似，是一种由用户自行设计并能够进行数据处理的算式，其特别之处在于，普通公式存在于单元格中，而名称存在于Excel的内存中。而且，就像公司的员工一样，每个名称都有一个标识，因此也被形象地称为"命名公式"。

为了便于理解，可以将名称看作是对工作簿中某些特定元素的"文本化"标识，而这些元素包括单元格区域、常量数据、常量数组甚至函数公式。当用户将这些元素定义为名称(命名)后，就可以在函数和公式中进行调用。

（2）使用名称的意义。虽然用户不使用名称也能很好地编写函数公式，但是在很多时候，使用名称会使编写工作更加方便、快捷。在公式编写中，合理地定义和使用名称可以增强公式的可读性和便于公式修改。

假设某公司希望将各单位3个月的营业额进行汇总，公式为："=SUM(C3:B3)"。

上面的汇总公式虽然没有问题，但是公式意图并不明确，如果将汇总范围"C3:E3"定义为一个名称"月营业额"，则公式变为"=SUM(月营业额)"，更易于理解。另外，还可以将某些常量(如营业税率)定义为名称，当其发生变化时，只需调整名称中的值即可，无须修改相关的公式。

（二）单元格的引用

1. 单元格引用

引用是Excel作为电子表格软件的一个重要特征，也是Excel函数与公式的构成要素之一。Excel使用单元格在工作表中所处位置的行列坐标，来标识对该单元格的引用。在默认情况下，Excel使用A1引用样式，该样式用数字1~6536表示行号，用字母A~N表示列标。例如，对第10行和第4列交叉处单元格的引用以字符串"D10"来表示。同时，Excel还允许对整行或整列进行引用，如5:5，则表示引用第5行，"C:C"表示引用第C列的所有单元格。

2. 单元格地址的引用

当公式中使用单元格引用时，根据引用方式的不同，分为三种引用方式，即相对引用、绝对引用和混合引用。

（1）相对引用。复制公式时，Excel根据目标单元格与源公式所在单元格的相对位置，相应地调整A1样式下公式的引用标识，R1C1样式下的引用标识则保持不变，但两者所引用的单元格都发生了改变。例如，在工作表的第1行第1列的单元格中，相对引用第1行第2列的单元格的公式可表示为"=B1"或"=RC1"，如果将公式复制到工作表的第3行第3列的单元格，则公式会变为"=D3"或"=RC1"，此时引用的是工作表第3行第4列的单元格。

（2）绝对引用。复制公式时，不论目标单元格的所在位置如何改变，绝对引用所指向的单元格区域都不会改变。例如，在工作表的第1行第1列的单元格中，绝对引用第1行第2列的单元格的公式可表示为"=$B$1"或"=RC2"，如果将公式复制到工作表的第3行第3列的单元格，此时工作表引用的依然是第2行第1列的单元格。

（三）常用函数实例应用

1. 认识函数

（1）函数的概念。Excel的工作表函数(Worksheet Functions)通常被简称为Excel函数，它是由Excel内部预先定义并按照特定的顺序、结构来执行计算、分析等数据处理任务的功能模块。因此，Excel函数也常被人们称为"特殊公式"。与公式一样，Excel函数的最终返回结果为值。Excel函数只有唯一的名称且不区分大小写，它决定了函数的功能和用途。

Excel函数通常由函数名称、左括号、参数、半角逗号和右括号构成，如SUM(A1:A10)。另外，部分函数比较特殊，没有参数，它仅由函数名和成对的括号构成，如ROW函数、RAND函数。

（2）函数公式的结构。当Excel函数在公式中出现时，它通常由两个部分组成：一个是函数名称前面的等号，另一个则是函数本身。如果是以嵌套函数出现，则只包含函数本身。

2. 主要函数介绍

（1）求和函数。可能许多Excel用户最早认识的函数就是SUM函数，它可以将输入的数值参数进行求和，还可以对指定的单元格区域、数值型数组进行求和运算。同时，它也是用户在实际工作中使用最多的函数之一。

例如，下面的公式将对常量数组进行求和。

=SUM(1，2，3，4，5)

下面的公式将对不连续区域A2：A11和C2：C11区域进行求和。

=SUM(A2：A11，C2：C11)

举例说明：

第一步，在图3-24中，求销售一部、销售二部、销售三部的销售金额以及销售总金额。

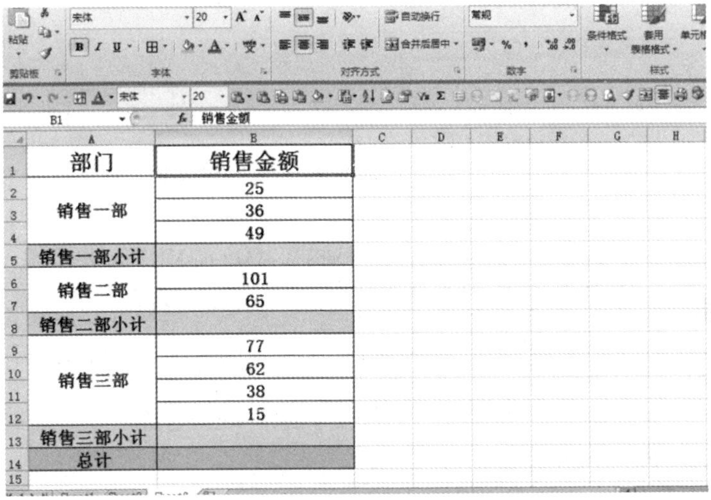

部门	销售金额
销售一部	25
	36
	49
销售一部小计	
销售二部	101
	65
销售二部小计	
销售三部	77
	62
	38
	15
销售三部小计	
总计	

图3-24　销售金额的计算

第二步，选中所要求和的所有单元格（先点击B5单元格，按住【Ctrl】键，再依次点击B8、B13、B14单元格），点击【自动求和】下拉菜单下的【求和】项目，如图3-25所示。

职场基本功

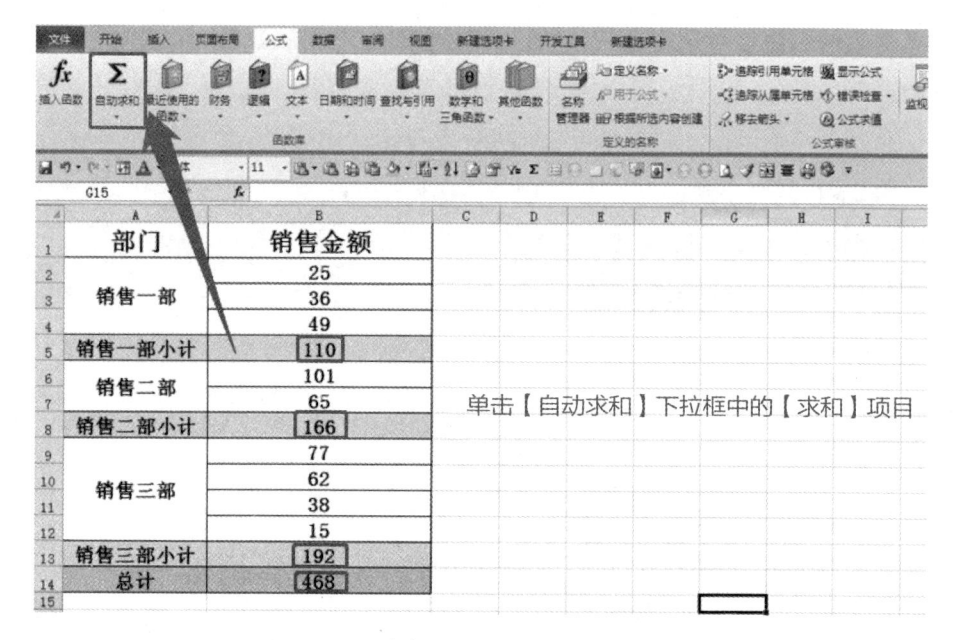

图3-25 选中所要求和的所有单元格

（2）基本的查找函数。VLOOKUP函数和HLOOKUP函数是用户在查找数据时使用频率非常高的Excel函数。利用这两个函数，可以实现一些简单的数据查询。例如，从员工资料表中查询一个员工所属的部门、在电话簿中查找某个人员的电话号码、从产品档案中查询某个产品的价格等。

VLOOKUP函数的语法如下：

VLOOKUP(lookup_value,table_array,col_index_num,[range_lookup])。

文字表述就是VLOOKUP(查找值，查找范围，查找列数，精确匹配或者近似匹配)。

VLOOKUP函数和HLOOKUP函数的语法非常相似，功能基本相同。这两个函数主要用于检索用户查找范围中的首列(或首行)中满足条件的数据，并根据指定的列号(行号)返回对应的值。唯一的区别在于VLOOKUP函数按行进行查询，而HLOOKUP函数按列查询。

以下是这两个函数的共同点：

第1个参数：查找值支持使用通配符（"？"和"*"）进行查询，但查找值不支持使用"数组"作为参数来生成内存数组。

第2个参数：查找范围除单元格引用区域以外，还支持使用数组进行查询。

第4个参数：它决定了函数的查找方式。如果为0或False，函数进行精确查找，同时支持无序查找；如果为1或True，则使用模糊匹配方式进行查找。

举例说明：

第一步，现有如下手机的每日销售毛数据，A分销商需要提供四个型号的销售数据，如图3-26所示。

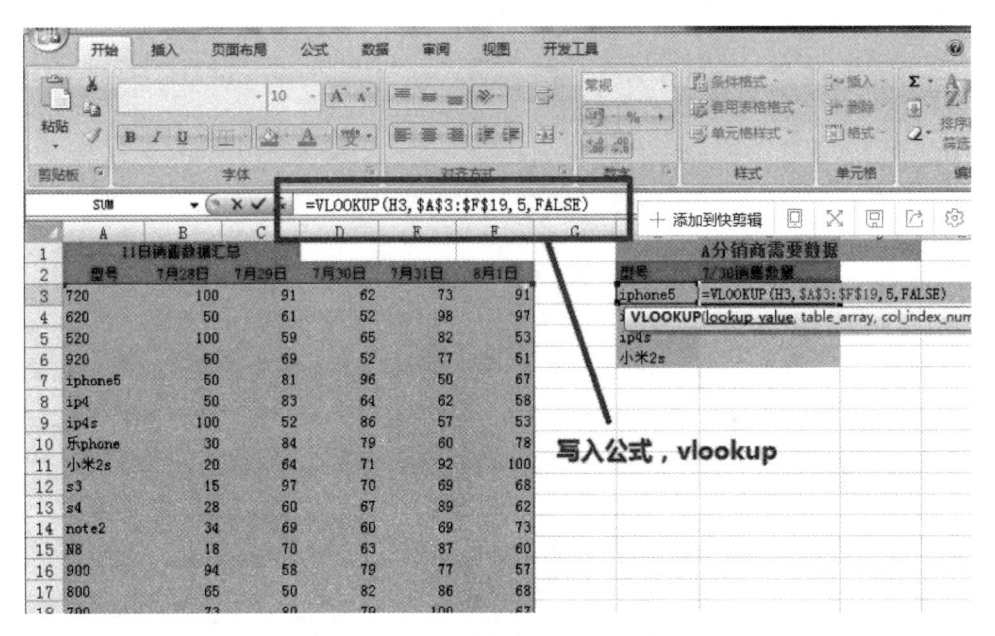

图3-26 四个型号的手机销售数据

第二步，参数解释：H3为我们想查找的型号，即iPhone5。之所以要写H3，而不是直接写iPhone5，是因为方便公式进行拖曳填充，以及保证准确性，如图3-27所示。

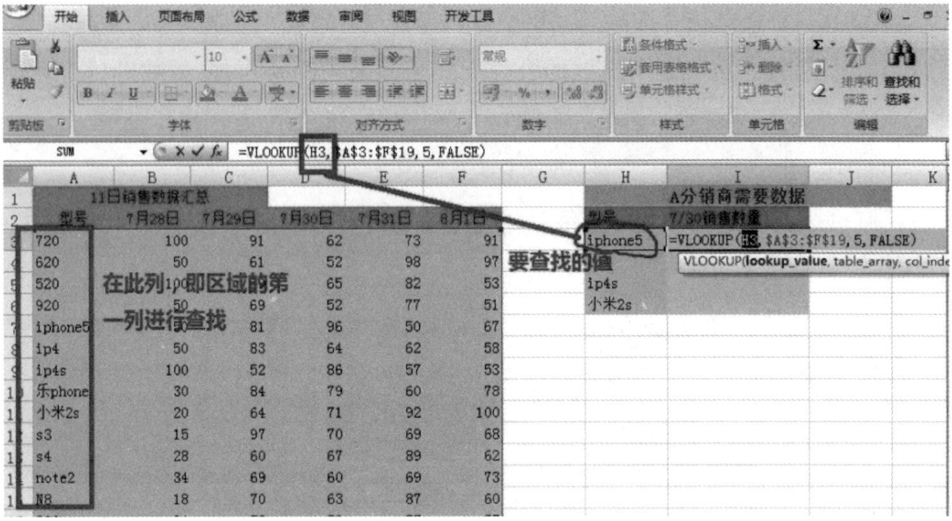

职场基本功

图3-27　H3型号

第三步，参数解释：$A$3:$F$19为我们需要在此范围内做查找，为什么要加上绝对引用呢？因为下面的ip4和剩余的查找都引用这个区域，即我们的数据源，加上了绝对引用后，就可以对公式进行直接的拖曳，如图3-28所示。

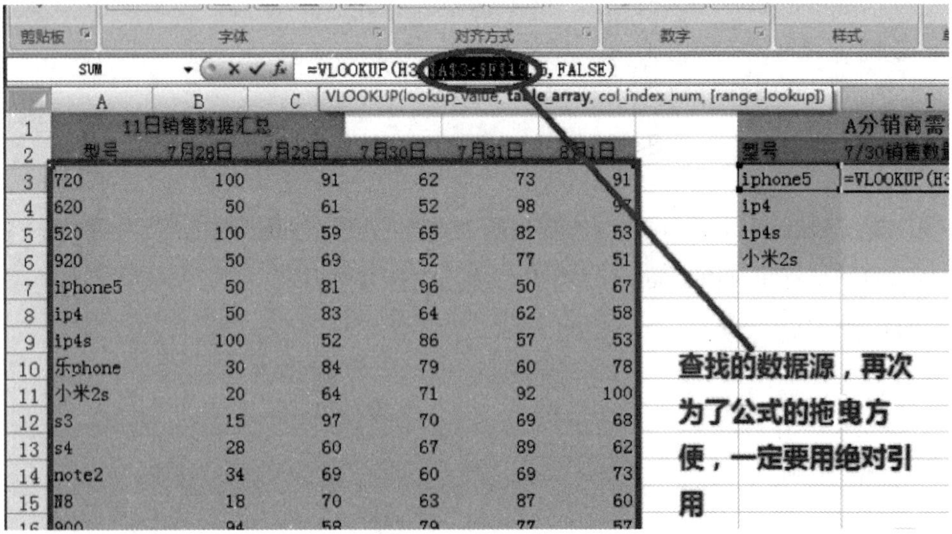

图3-28　绝对引用

第四步，参数解释：从我们的数据源第一列起，我们要查询的7月31日的销量在引用的第一列（型号列）后面的第五列。注意，这里的列数是以引用范围的第一列作为1，而不是以A列作为第一列，然后回车，可得到iPhone5在7月31日的销量。其他只需要拖曳即可获得完整的数据报告。检验查看后，各个值均相等。

（3）条件统计函数

如果要根据特定条件对数据进行统计，例如在员工明细表中统计某部门的员工人数、在产品明细表中计算某商品的产品数等，可以利用Excel的COUNTIF函数来处理。此函数也是经常用的Excel统计函数之一。COUNTIF函数语法如下：

COUNTIF函数的语法格式=COUNTIF(range，criteria)

参数range 表示条件区域——对单元格进行计数的区域。

参数criteria 表示条件——条件的形式可以是数字、表达式或文本，甚至可以使用通配符。

参数range必是对单元格区域的直接引用或由引用函数产生的间接引用，而不能使用常数组或公式运算后的内存数组。

该函数主要用于有目的的统计工作表中满足指定条件的数据个数。根据此原理，COUNTIF函数经常用于以下应用统计：统计指定条件的数据个数或者判断指定条件的记录在数据表中是否存在，如图3-29所示。

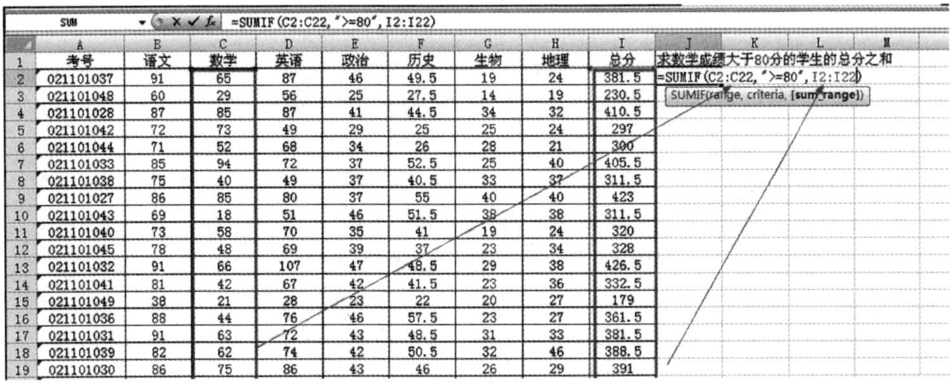
SUM　=SUMIF(C2:C22,">=80",I2:I22)

	A	B	C	D	E	F	G	H	I	J
1	考号	语文	数学	英语	政治	历史	生物	地理	总分	求数学成绩大于80分的学生的总分之和
2	021101037	91	65	87	46	49.5	19	24	381.5	=SUMIF(C2:C22,">=80",I2:I22)
3	021101048	60	29	56	25	27.5	14	19	230.5	SUMIF(range, criteria, [sum_range])
4	021101028	87	85	87	41	44.5	34	32	410.5	
5	021101042	72	73	49	29	25	25	24	297	
6	021101044	71	52	68	34	26	28	21	300	
7	021101033	85	94	72	37	52.5	25	40	405.5	
8	021101038	75	40	49	37	40.5	33	37	311.5	
9	021101027	86	85	80	37	55	40	40	423	
10	021101043	69	18	51	46	51.5	38	38	311.5	
11	021101040	73	58	70	35	41	19	24	320	
12	021101045	78	48	69	39	37	23	34	328	
13	021101032	91	66	107	47	48.5	29	38	426.5	
14	021101041	81	42	67	42	41.5	23	36	332.5	
15	021101049	38	21	28	23	22	20	27	179	
16	021101036	88	44	76	46	57.5	23	27	361.5	
17	021101031	91	63	72	43	48.5	31	33	381.5	
18	021101039	82	62	74	42	50.5	32	46	388.5	
19	021101030	86	75	86	43	46	26	29	391	

图3-29　COUNTIF函数

第一步，统计A2：A13范围内各个发货平台的个数。输入公式=COUNTIF(A2:A13,F2)，如图3-30所示。

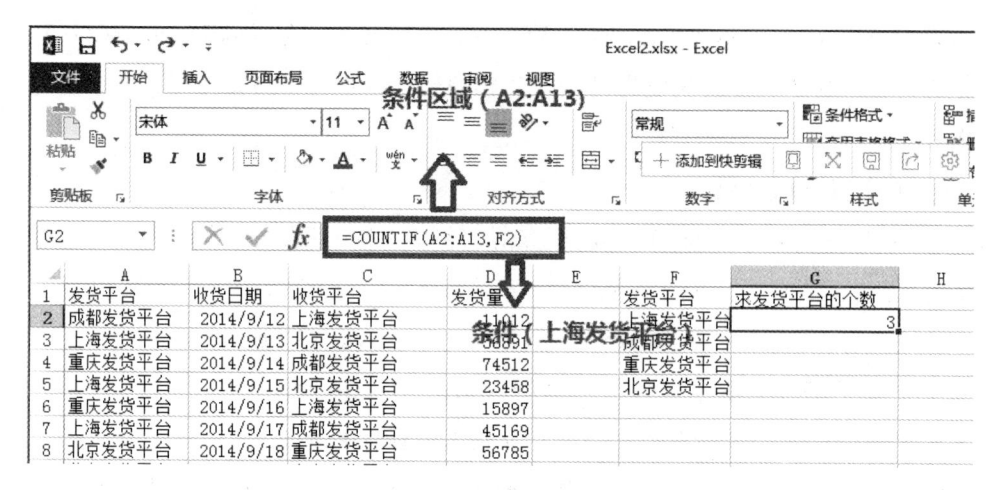

图3-30 A2：A13范围内各个发货平台的个数

第二步，COUNTIF函数也可以进行同列多条件的计算，但不常用。多条件的计数，在Excel中常常使用SUMPRODUCT函数。

如图3-31所示，求上海和成都发货平台的个数。这时就要使用数组，把两个条件用大括号括起来，然后用SUM求和公式进行求和。

输入公式=SUM(COUNTIF(A2:A13,{"上海发货平台","成都发货平台"}))。

图3-31 求上海和成都发货平台的个数

(4) 条件求和公式

SUMIF条件求和函数与COUNTIF函数用法非常相似，它主要用于按指定条件在查找区域进行查找，并返回查找区域对应的数据区域中数值的和。

SUMIF函数的语法如下：

SUMIF(range，criteria，sum range)。

SUMIF函数的前两个参数与COUNTIF函数完全一致，如果不输入数据求和区域sum range，SUMIF函数会对查找区域range自动求和。

SUMIF函数与COUNTIF函数一样，也使用"遍历"方式进行统计，都属于"低效率函数"，在平时使用时必须注意该函数引起的系统性能问题。

举例说明：

第一步，求数学成绩大于（包含等于）80分的同学的总分之和，如图3-32所示。

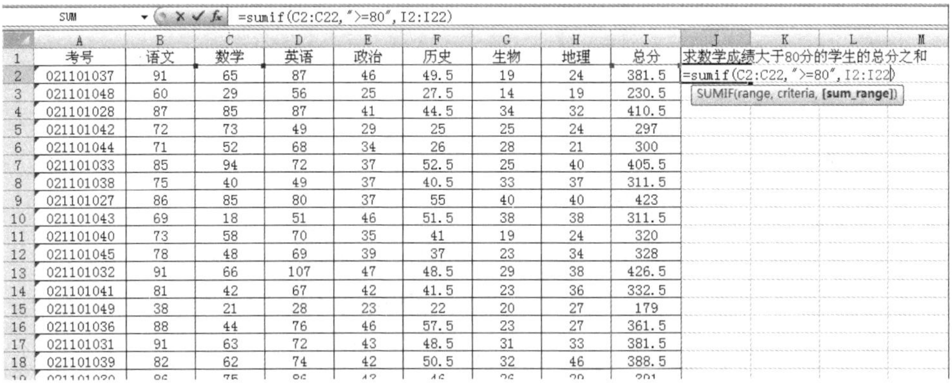

图3-32　求总分之和

第二步，在J2单元格输入=SUMIF(C2:C22,">=80",I2:I22)。

第三步，回车后得到的结果为2114，我们验证一下看到表中标注的总分之和与结果一致，如图3-33所示。

	J2		fx	=SUMIF(C2:C22,">=80",I2:I22)						
	A	B	C	D	E	F	G	H	I	J
1	考号	语文	数学	英语	政治	历史	生物	地理	总分	求数学成绩
2	021101037	91	65	87	46	49.5	19	24	381.5	2114
3	021101048	60	29	56	25	27.5	14	19	230.5	
4	021101028	87	85	87	41	44.5	34	32	410.5	
5	021101042	72	73	49	29	25	25	24	29	
6	021101044	71	52	68	34	26	28	21	300	
7	021101033	85	94	72	37	52.5	25	40	405.5	
8	021101038	75	40	49	37	40.5	33	37	311.5	
9	021101027	86	85	80	37	55	40	40	423	
10	021101043	69	18	51	46	51.5	38	38	311.5	
11	021101040	73	58	70	35	41	19	24	320	
12	021101045	78	48	69	39	37	23	34	328	
13	021101032	91	66	107	47	48.5	29	38	426.5	
14	021101041	81	42	67	42	41.5	23	36	332.5	
15	021101049	38	21	28	23	22	20	27	179	
16	021101036	88	44	76	46	57.5	23	27	361.5	
17	021101031	91	63	72	43	48.5	31	33	381.5	
18	021101039	82	62	74	42	50.5	32	46	388.5	
19	021101030	86	75	86	43	46	26	29	391	
20	021101034	91	65	90	49	49.5	28	26	398.5	
21	021101014	94	98	96	38	59.5	37	43	465.5	

图3-33 结果验证

第四步，SUMIF(C2:C22,">=80",I2:I22)中的C2:C22表示条件数据列，">=80"表示筛选的条件是大于等于80，那么最后面的I2：I22就是我们要求的总分之和。

（5）排序函数：排名应用

对数据进行排位或标注成绩名次是统计工作中的典型应用之一，Excel提供了几个函数来辅助实现这样的需求。其中，RANK函数是比较常用的排名函数之一，它的语法如下：

RANK(number，ref，order)

举例说明：

第一步，需要根据分数进行排名，如图3-34所示。

第二步，在B2单元格中输入以下内容：=RANK(A2,$A$2:$A$24)。其中，A2是需要确定位次的数据，$A$2:$A$24表示数据范围，括号里的内容即表示A2单元格数据在A2:A24这个数据区域的排名情况，公式计算结果将被显示在B2单元格里，如图3-35所示。

	A	B
1	分数	名次
2	95	
3	70	
4	86	
5	101	
6	106	
7	83	
8	94	
9	75	
10	105	
11	89	
12	89	
13	107	
14	96	
15	98	

图3-34　根据分数进行排名

B2　　fx　=RANK(A2,A2:A24)

	A	B	C	D	E	F
1	分数	名次				
2	95	12				
3	70					
4	86					
5	101					
6	106					
7	83					
8	94					
9	75					
10	105					
11	89					
12	89					
13	107					
14	96					
15	98					

图3-35　公式计算结果

第四节
PPT 办公应用

一、PPT 操作基础

熟练使用演示文稿制作与设计幻灯片，已成为职场人士必备的职业技能，而微软公司推出的PowerPoint软件，又是市面上最流行、使用最多的演示文稿制作软件，被广泛地应用在工作总结、会议报告、培训教学、宣传推广、项目竞标、职场演说、产品发布等领域。无论你是政府公务员，还是企业单位工作者；无论你是职场中的"领导者"，还是职场中的普通员工；无论你是企业中的管理者，还是一线业务销售人员，都需要PPT。这是因为，不管是做总结报告，还是培训教育；不管是做企业宣传，还是业务推广，PPT是比较理想的表达方式。优秀的PPT，能让人对你刮目相看，说服领导，从激烈的职场竞争中脱颖而出。优秀的PPT，能让你花最少的时间和成本搞定客户，抓住业务机会，提升业绩。数据调查显示，现如今大部分的职场人对于PowerPoint软件的了解及技能掌握程度还不及1/5，所以在工作时，很多人常常是事倍功半。因此，在职场当中用心苦练PPT使用技巧是非常有必要的。

（一）幻灯片的基本操作

1. 新建空白演示文稿

启动PowerPoint 2016软件之后，电脑会提示用户创建什么样的PPT演示文稿，并提供模板供用户选择。单击【空白演示文稿】命令，即可创建一个空白演示文稿。启动PowerPoint 2016，单击【空白演示文稿】选项。在使用PowerPoint 2016制作幻灯片时，经常需要更改幻灯片的版式，来满足幻灯片不同样式的需要。幻灯片版式包含文本、表格、视频、图片、图表、形状等内容的占位符，并且还包含这些对象的格式，新建演示文稿后，会新建一张幻灯片页面，此时的幻灯片版式为"标题幻灯片"版式页面。

2. 新建幻灯片

新建幻灯片的常见方法有三种，用户可以根据需要选择合适的方式快速新建幻灯片。新建幻灯片的具体操作步骤如下。

（1）使用【开始】选项卡

第一步，单击【开始】选项卡下【幻灯片】组中的【新建幻灯片】按钮的下拉框，在弹出的列表中选择【标题幻灯片】选项。

第二步，新建"标题幻灯片"幻灯片页面，并可在左侧的【幻灯片】窗格中显示新建的幻灯片。

第三步，重复上述操作步骤，新建六张"仅标题"幻灯片页面。

第四步，重复上述操作步骤，新建一张【空白】幻灯片页面。

新建幻灯片效果如图3-36所示。

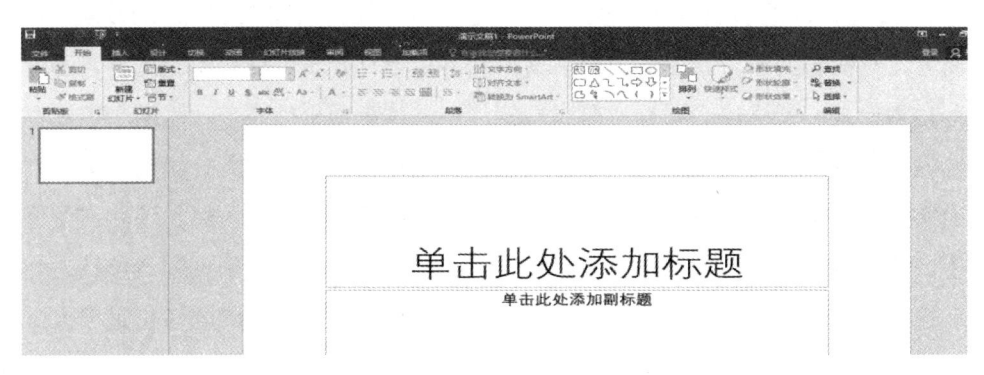

图3-36　新建幻灯片效果

（2）使用快捷菜单

在【幻灯片】窗格中选择一张幻灯片，点击鼠标右键，在弹出的快捷菜单中选择【新建幻灯片】选项。

（3）使用【插入】选项卡

单击【插入】选项卡下【幻灯片】组中的【新建幻灯片】按钮下的下拉按钮，在弹出的列表中选择一种幻灯片版式，也可以完成新建幻灯片页面的操作。

3. 幻灯片移动和删除

（1）移动幻灯片

用户可以通过移动幻灯片的方法改变幻灯片的位置，单击需要移动的幻灯片并按住鼠标左键，拖曳幻灯片至目标位置，松开鼠标左键即可。此外，通过剪切并粘贴的方式也可以移动幻灯片。

（2）删除幻灯片

不需要的幻灯片页面可以将其删除，具体步骤为：在【幻灯片】窗格中选择要删除的幻灯片页面按【Delete】键。

（二）文本的输入与格式设置

在幻灯片中可以输入文本，并对文本进行字体、颜色、对齐方式、段落缩进等格式化操作。多数人认为演示文稿非常注重视觉效果，当然这很重要，然而演示文稿最重要的核心是正文文本。演示文稿的目标是沟通交流，而且用户之间最主要的沟通交流工具是语言文字。

PowerPoint能够很容易地输入文本、编辑文本，并且制作出特殊的效果，从而为文本赋予生命力。在占位符中输入文本，当打开一个空演示文稿时，系统会自动插入一张标题幻灯片。在该幻灯片中，具有两个虚线框，这两个虚线框称为占位符，占位符中显示"单击此处添加标题"和"单击此处添加副标题"的字样。要为幻灯片添加标题，可单击标题占位符，此时插入点出现在占位符中，即可输入标题的内容。要为幻灯片添加副标题，可单击副标题占位符，然后输入副标题的内容。使用文本框输入文本要在占位符之外的其他位置输入，可以在幻灯片中插入文本框。

文本框是一种可移动、可调节大小的图形容器。使用文本框可以在一张幻灯片中放置数个文字块，或者使文字按与幻灯片中其他文字不同的方向排列。如果要添加不自动换行的文本，可以按照下述步骤进行操作。

第一步，切换到功能区中的【插入】选项卡，在【文本】组中单击【文本框】按钮，在弹出的菜单中选择【横排文本框】命令。

第二步，单击要添加文本的位置，即可开始输入文本。输入文本的过程中，文本框的宽度会自动增大，但是文本并不自动换行。

第三步，输入完毕后，单击文本框之外的任意位置即可。

要添加自动换行的文本，可切换到功能区中的【插入】选项卡，在【文本】组中单击【文本框】按钮，在弹出的菜单中选择【横排文本框】命令，将鼠标指针移到要添加文本框的位置，按住鼠标左键拖动来限制文本框的大小，然后在文本框中输入文本，当输入到文本框的右边界时会自动换行。

（三）幻灯片的图文混排

在制作个人述职报告时插入适当的图片，并根据需要调整图片的大小，为图片设置样式与艺术效果，可以达到图文并茂的效果。

1. 插入图片

在制作述职报告时，插入适当的图片可以对文本进行说明或强调，具体操作步骤如下。

第一步，选择第3张幻灯片页面，单击【插入】选项卡下【图像】选项组中的【图片】按钮。

第二步，弹出【插入图片】对话框，选中需要的图片，单击【插入】按钮。

2. 图片和文本框排列方案

在个人述职报告中插入图片后，选择好的图片和文本框的排列方案，可以使报告看起来更美观、整洁。具体操作步骤如下。

第一步，分别选择插入的图片，按住鼠标左键拖曳鼠标，将插入的图片分散横向排列。

第二步，同时选中插入的4张图片，单击【开始】选项卡下【绘图】组中的

【排列】按钮的下拉按钮，在弹出的下拉列表中选择【对齐】→【横向分布】选项。

第三步，选择的图片即可在横向上的等分对齐排列。

第四步，单击【开始】选项卡下【绘图】组中的图片，即可按照底端对齐的方式整齐排列按钮的下拉按钮，在弹出的下拉列表中选择【对齐】→【底端对齐】选项。

在述职报告中，确定图片和文本框的排列方案之后，需要调整图片的大小来适应幻灯片的页码。具体操作步骤如下。

第一步，同时选中演示文稿中的图片，把鼠标光标放在任一图片四个角的控制点上，按住鼠标左键并拖曳鼠标，即可更改图片的大小。

第二步，单击【开始】选项卡下【绘图】组中的【排列】按钮的下拉按钮，在弹出的下拉列表中选择【对齐】→【横向分布】选项。

第三步，分别拖曳图片，将图片移动至合适的位置，最终效果如图3-37所示。

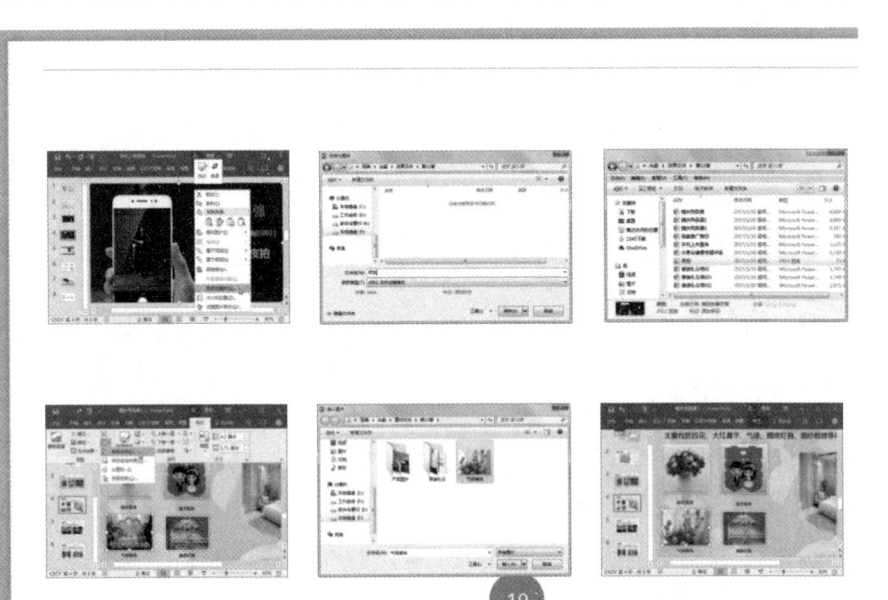

图3-37　图片和文本框的排列

（四）添加数据表格

1. 插入表格

如果需要在演示文稿中添加有规律的数据，可以使用表格来完成。PowerPoint中的表格操作远比Word简单得多，PowerPoint 2016中插入表格的方法使述职报告中要传达的信息更加简单明了，并可以为插入的表格设置表格样式。

如果要在幻灯片中插入表格，可以按照下述步骤进行操作。

第一步，单击内容版式中的【插入表格】按钮，出现如图3-38所示的【插入表格】对话框。

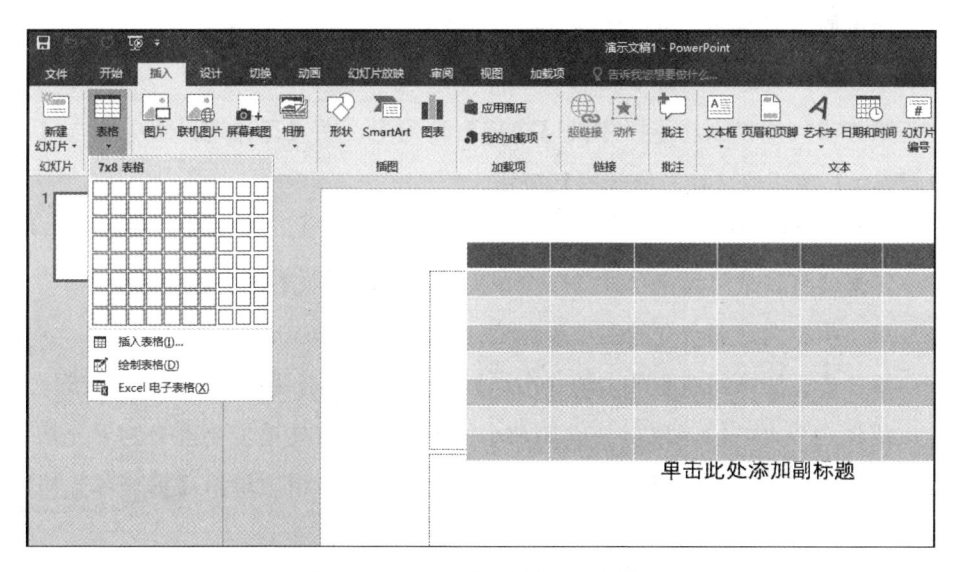

图3-38　【插入表格】对话框

第二步，在【列数】文本框中输入需要的列数，在【行数】文本框中输入需要的行数。

第三步，单击【确定】按钮，将表格插入到幻灯片中。

向表格中输入文本创建表格后，插入点位于表格左上角的第一个单元格中，此时可以在插入点位置输入文本。当一个单元格内的文本输入完毕后，按【Tab】键进入下一个单元格，也可以直接利用鼠标单击下一个单元格。如果希望回到上一个单元格中，则按【Shift+Tab】组合键。如果输入的文本较长，则会在当前单元格的宽度范围内自动换行，此时系统将自动增加该行的行高。

2. 修改表格的结构

对于已经创建的表格，用户仍然能修改表格的行数、列数等结构。

（1）插入新行

如果要插入新行，可以按照下述步骤进行操作。

第一步，将插入点置于表格中要插入新行的位置。

第二步，切换到功能区中的【布局】选项卡，在【行和列】组中单击【在上方插入】按钮或【在下方插入】按钮。

如果要插入新列，可以按照下述步骤进行操作。

第一步，将插入点置于表格中要插入新列的位置。

第二步，切换到功能区中的【布局】选项卡，在【行和列】组中单击【在左侧插入】按钮或【在右侧插入】按钮。

（2）合并与拆分单元格

如果要将多个单元格合并为一个单元格，可以按照下述步骤进行操作。

第一步，选定要合并的多个单元格。

第二步，切换到功能区中的【布局】选项卡，单击【合并单元格】按钮。

要将一个大的单元格拆分成多个小的单元格，首先单击要拆分的单元格，然后切换到功能区中的【布局】选项卡，在【合并】组中单击【拆分单元格】按钮。

（3）利用表格样式快速设置表格格式

在表格幻灯片中，插入和编辑表格之后，还需要对表格进行格式化，以增强幻灯片的感染力，给观众留下深刻的印象。用户可以利用PowerPoint 2016提供的表格样式快速设置表格的格式，具体操作步骤如下。

第一步，选定要设置格式的表格。

第二步，切换到功能区中的"设计"选项卡，在"表格样式"组中选择一种样式。

用户可以单击右侧的按钮，滚动显示其他的样式。

如果要为表格添加边框，可以按照下述步骤进行操作。

第一步，选定要添加边框的表格。

第二步，利用【设计】选项卡的【绘图边框】组中的【样式】，设置线条的样式、粗细与颜色。单击【设计】选项卡中【边框】按钮右侧的向下箭头，在下拉列表中选择为表格的哪条边添加边框。

3. 填充表格颜色

如果要获取更好的演示效果，可以为表格填充颜色，具体操作步骤如下。

第一步，要改变一个单元格的填充颜色，可以将插入点置于该单元格中；要改变多个单元格的填充颜色，可以选定这些单元格或者整个表格。

第二步，单击【设计】选项卡中【填充颜色】按钮右侧的向下箭头，弹出【填充颜色】下拉列表。

第三步，单击【填充颜色】下拉列表中提供的颜色方块，即可为选定的单元格填充此颜色。如果要以图片、渐变或纹理来填充单元格，可选择【填充颜色】下拉列表中的【图片】【渐变】或【纹理】选项，并进一步进行设置。

二、PPT 设计与美化

（一）PPT母版的操作

所谓幻灯片母版，实际上就是一张特殊的幻灯片，它可以被看作是一个用于构建幻灯片的框架。在演示文稿中，所有的幻灯片都基于该幻灯片母版而创建。如果更改了幻灯片母版，则会影响所有基于母版而创建的演示文稿幻灯片。

PowerPoint 2016中自带了一个幻灯片母版，该母版包含11个版式。母版与版式的关系是：一张幻灯片中可以包括多个母版，而每个母版又可以拥有多个不同的版式。

使用幻灯片母版要进入母版视图，可切换到功能区中的"视图"选项卡，在"视图"组中单击【幻灯片母版】按钮，如图3-39所示。在幻灯片母版视图中，包括几个虚线框标注的区域，分别是标题区、对象区、日期区、页脚区和数字区，也就是前面所说的占位符。

职场基本功

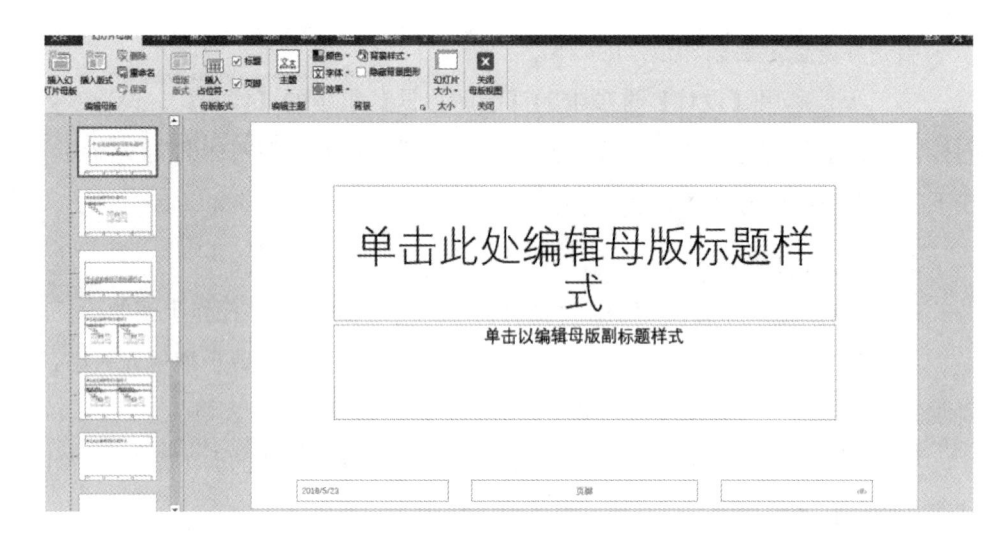

图3-39 幻灯片母版视图

用户可以编辑这些占位符，如设置文字的格式，以便在幻灯片中输入文字时采用默认的格式。幻灯片母版通常含有一个标题占位符，其余部分根据选择版式的不同，可以是文本占位符、图表占位符、图片占位符。在标题区中单击"单击此处编辑母版标题样式"字样，即可激活标题区，选定其中的提示文字，并且改变其格式。例如，将标题文本格式改为华文行楷、带下划线格式、添加文字阴影，在幻灯片母版【选项】上的【关闭母版视图】按钮，返回到普通视图中，会发现每张幻灯片的标题格式均发生了改变。

（二）绘制和编辑图形

在制作PPT文案时，绘制和编辑图形可以丰富演示文稿的内容，美化演示文稿。

在制作产品营销推广方案时，需要在幻灯片中插入自选图形。具体操作步骤如下。

第一步，单击【开始】选项卡下【幻灯片】组中的【新建幻灯片】按钮的下拉按钮，在弹出的菜单中选择【仅标题】选项，新建一张幻灯片，在【标题】文本框中输入"推广目的"文本。

第二步，单击【插入】选项卡下【插图】组中的【形状】按钮，在弹出的下拉列表中选择【基本形状】→【椭圆】选项。

第三步，在幻灯片绘图区空白位置处单击，确定图形的起点，按住【Shift】键的同时拖曳鼠标指针至合适位置时，释放鼠标左键与【Shift】键，即可完成圆形的绘制。

第四步，重复第三步和第四步的操作，在幻灯片中依次绘制【椭圆】、【右箭头】、【六边形】，以及【矩形】等其他自选图形。插入自选图形后，需要对插入的图形填充颜色，使图形与幻灯片氛围相融。

为自选图形填充颜色的具体操作步骤如下。

第一步，选择要填充颜色的基本图形，这里选择较大的"圆形"，单击【绘图工具】→【格式】选项卡下【形状样式】组中的【形状填充】按钮右侧的下拉按钮，在弹出的下拉列表中选择【浅绿】选项。

第二步，单击【绘图工具】→【格式】选项卡下【形状样式】组中的【形状填充】按钮右侧的下拉按钮，在弹出的下拉列表中选择【无轮廓】选项。

（三）SmartArt图形编辑与美化

在PowerPoint 2016可以插入新的SmartArt图形对象，包括组织结构图、列表、循环图、射线图、棱锥图、维恩图和目标图。SmartArt图形是信息和观点的视觉表示形式，可以在多种不同的布局中创建SmartArt图形，SmartArt图形主要应用在创建组织结构图、显示层次关系、演示过程或者工作流程的各个步骤或阶段、显示过程、程序或其他事件流以及显示各部分之间的关系等方面。配合形状的使用，可以制作出更精美的演示文稿。

插入SmartArt图形的具体操作步骤如下。

第一步，在普通视图中，显示要插入图形的幻灯片，或者新建一张包含内容占位符版式的幻灯片。

第二步，切换到功能区中的【插入】选项卡，在【插图】组中单击【SmartArt】按钮，或者单击内容占位符中的【插入SmartArt图形】按钮。

第三步，出现【选择SmartArt图形】对话框，从左侧的列表框中选择一种类型，再从右侧的列表框中选择子类型。

第四步，单击【确定】按钮，即可创建一个SmartArt图形。

第五步，根据需要输入所需的文字，可以利用【SmartArt工具/设计】与【SmartArt工具/格式】选项卡设置图形的格式。

第六步，制作完成后，单击图形区域之外的任意位置。

举例说明：

第一步，打开PPT，切换到插入功能，如图3-40所示；点击SmartArt进入图3-41所示界面。

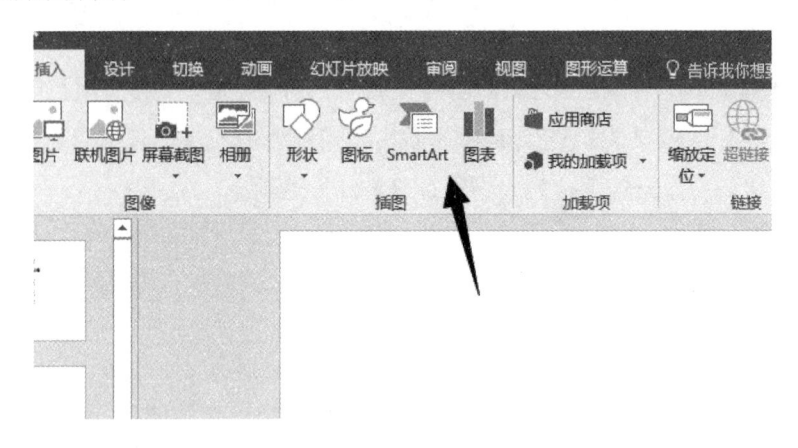

图3-40 切换到插入功能后的界面

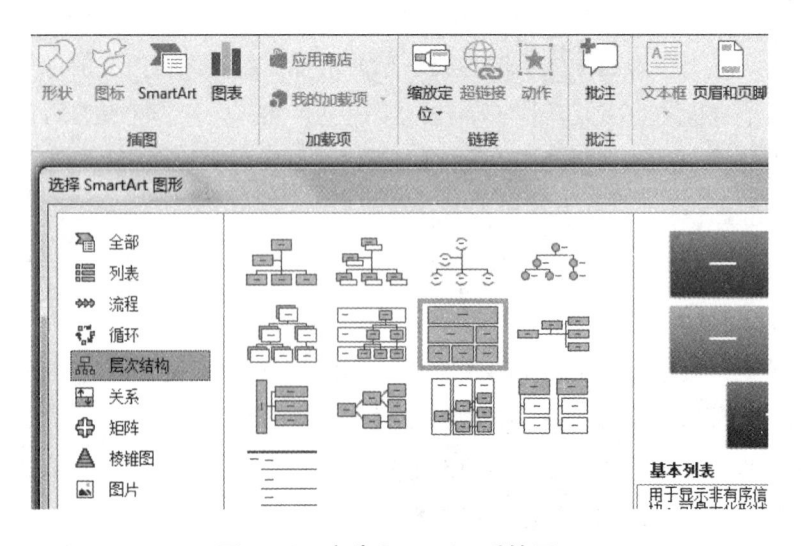

图3-41 点击SmartArt后的界面

第二步，选中需要的形状，点击插入。

（四）图表的插入与美化

1. 插入图表

图表是一种以图形显示的方式表达数据的方法。用图表来表示数据，可以使数据更容易让人理解。与Excel创建图表的方式有些不同，在PowerPoint的默认情况下，当创建好图表后，需要在关联的Excel数据表中输入图表所需的数据。当然，如果事先为图表准备了Excel格式的数据表，也可以在所需的数据区域打开这个数据表，这样就可以将已有的数据区域添加到PowerPoint图表中。插入图表的具体操作步骤如下。

第一步，单击内容占位符上的【插入图表】按钮，或者单击【插入】选项卡上的【图表】按钮，出现【插入图表】对话框，如图3-42所示。

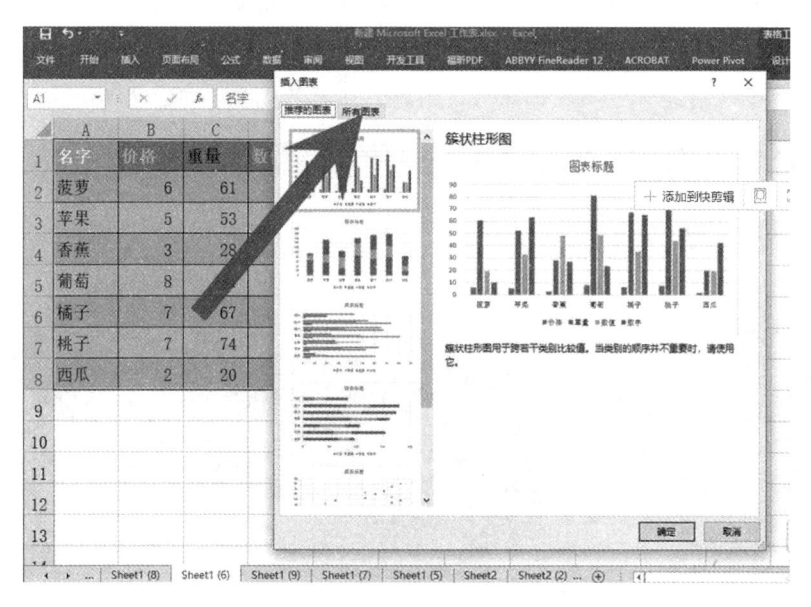

图3-42　【插入图表】对话框

第二步，从左侧的列表框中选择图表类型，然后在右侧列表中选择子类型，单击【确定】按钮。

第三步，此时，Excel将自动启动，用户可在工作表的单元格中直接输入数据。

第四步，更改工作表中的数据，PowerPoint的图表将自动更新。

第五步，输入数据后，单击Excel窗口右上角的【关闭】按钮。

2. 图解销售趋势的柱形图

柱形图用来以视觉的方式呈现多个项目之间数值的多少。在幻灯片中，可以绘制有立体视觉效果的立体柱形图来增强美感。具体操作步骤如下。

第一步，新建一张幻灯片，其版式为【标题和内容】，单击占位符中的【插入图表】按钮，打开【插入图表】对话框，选择合适的图表类型。

第二步，根据需要修改图表的数据。

第三步，可以更改图表的类型，如改为三维堆积柱形图。

3. 解析占有率的圆形图

想要以视觉的方式呈现自己公司的产品在市场上的占有率时，可以使用圆形图。在演示文稿的幻灯片中，可以让需要注意的项目移到圆形图的正面，或者将它分离。具体操作步骤如下。

第一步，新建一个图表幻灯片，创建一个三维饼图，如图3-43所示。

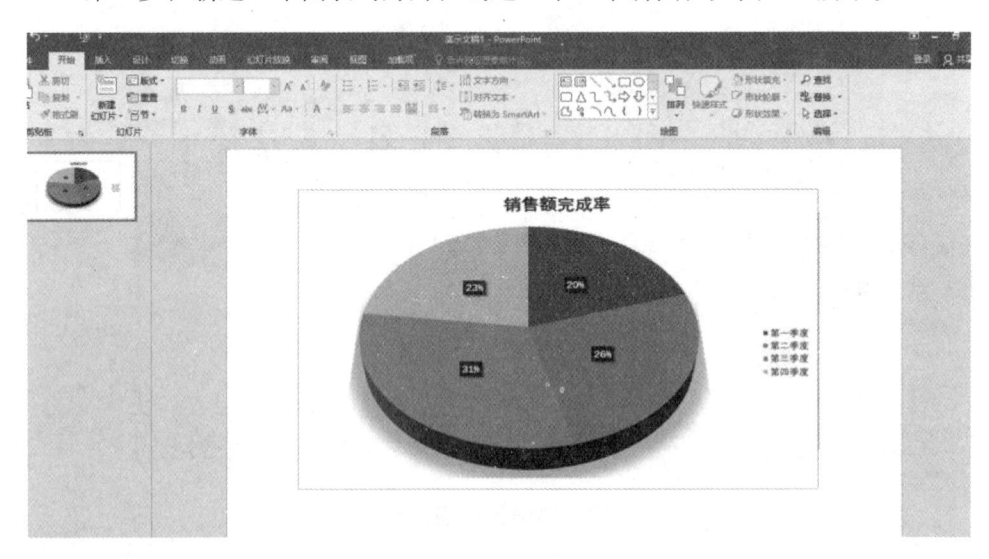

图3-43　三维饼图

第二步，根据需要，对饼图进行修饰。例如，要将圆形图的一部分进行分离，可以选择该部分，然后拖动鼠标，将其分离。

第三步，如果要更改数据标签显示的内容，可以选择图表，然后切换到功能区中的【设计】选项卡，在【图表布局】组中单击【添加图表元素】按钮，在弹出的菜单中选择【数据标签】命令，在其子菜单中选择【其他数据标签选项】命令，打开【设置数据标签格式】窗格，选中类别名称、值、百分比复选框。

第四步，要将强调的项目移到前面，可以双击该扇区，打开【设置数据点格式】任务窗格，单击【系列选项】选项卡，然后在【第一扇区起始角度】文本框中输入数值。

三、PPT 特效与动画

（一）动画的添加

1. 快速创建动画

切换动画是指幻灯片与幻灯片之间进行切换的一种动画效果，使上一幻灯片与下一幻灯片的切换更自然。例如，在手机上市宣传中为幻灯片添加切换动画，用户可以选择需要的切换动画添加到幻灯片中，使幻灯片之间的切换更自然。为幻灯片添加切换动画后，用户还可根据实际需要对幻灯片切换动画的切换效果进行相应的设置。为了使幻灯片放映时更生动，可以在幻灯片切换动画播放的同时添加音效。

PowerPoint 2016中内置了多种动画效果，用户可根据实际情况为幻灯片中的对象添加单个或多个对象，使幻灯片显得更具吸引力。

PowerPoint 2016提供了"标准动画"功能，可以快速创建基本的动画。具体操作步骤如下。

第一步，在普通视图中选择要制作成动画的文本或对象。

第二步，切换到功能区中的【动画】选项卡，在【动画】组的【动画】列表中选择所需的动画效果。

2. 自定义动画

如果用户对标准方案不太满意，可以为幻灯片的文本和对象自定义动画。PowerPoint中动画效果的应用可以通过"自定义动画"任务窗格完成，操作过程将更加简单,可供选择的动画样式也更加多样化。如果要为幻灯片中的文本和其他对象设置动画效果,可以按照下述步骤进行操作。

第一步,在普通视图中,显示包含要设置动画效果的文本或对象的幻灯片。

第二步,切换到【动画】选项卡,单击【高级动画】组中的【添加效果】按钮,弹出【添加效果】下拉菜单。例如,为了给幻灯片的标题设置进入的动画效果,可以选择【进入】选项中的一种动画效果。

第三步,如果【进入】选项中列出的动画效果不能满足用户的要求,则可以选择【更多进入效果】命令,如图3-44所示。

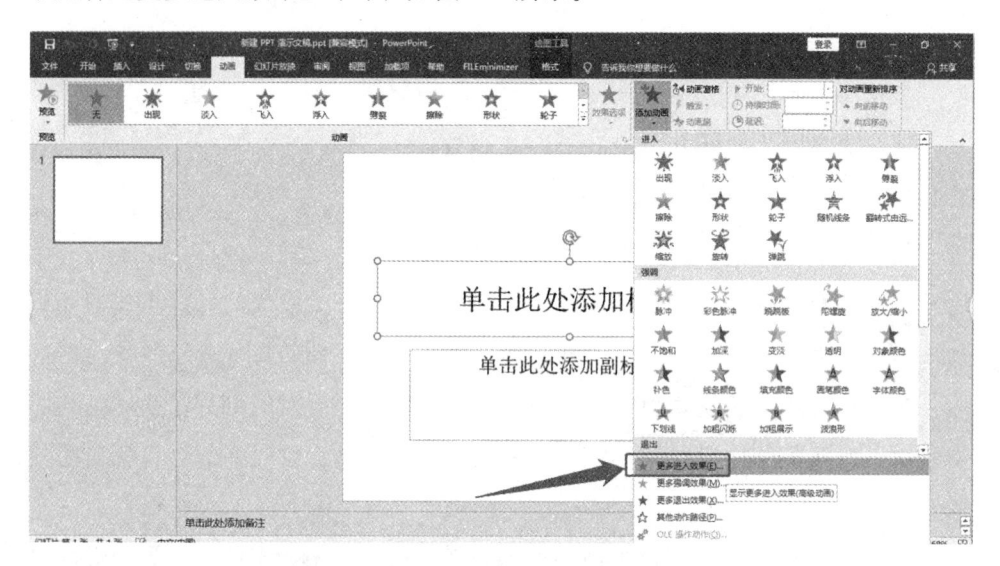

图3-44　选择【更多进入效果】命令

第四步,打开【添加进入效果】对话框,选中【预览效果】复选框,可以立即预览选择的动画效果。

第五步,动画设置完毕后,单击【确定】按钮。

3. 为对象添加第二种动画效果

用户为幻灯片中的对象添加一种动画效果后,还可以再添加另一种动画效果。具体操作步骤如下。

第一步,选定刚添加动画效果的对象。

第二步,切换到【动画】选项卡,在【计时】组的【开始】下拉列表框中选择每个效果的开始时间。例如，设置第二个效果的开始时间为【上一动画之后】，即前一个动画结束后就开始执行第二个效果。如果在【开始】下拉列表框中选择【单击】，必须单击鼠标，才会进行下一个动画。

第三步，除了"进入""强调""退出"等效果之外，用户还可以设置路径，让图片按照指定的路径移动。用户可以利用直线、曲线、任意多边形或自由曲线等多种方式绘制自定义路径。如果是使用任意多边形，可以双击鼠标结束动作路径的绘制，如图3-45所示。

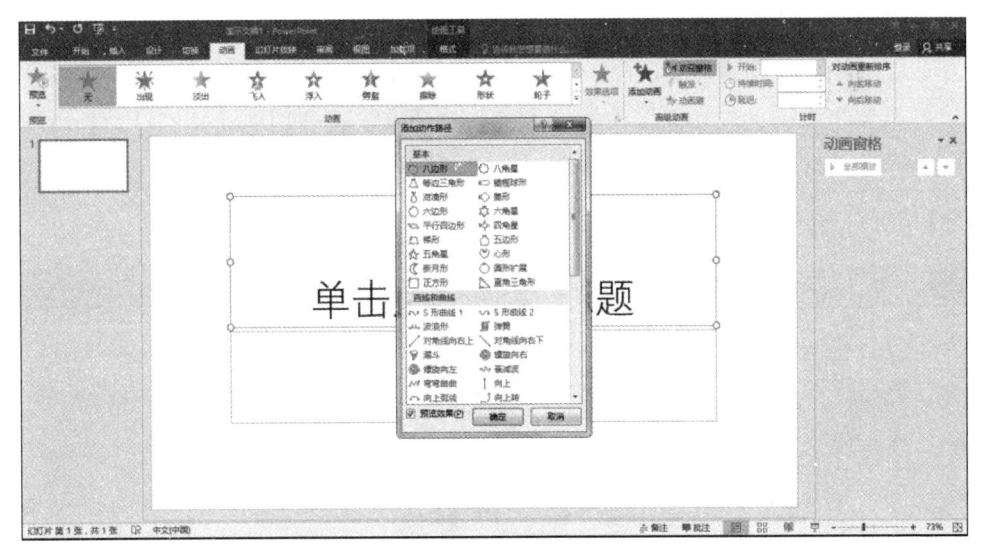

图3-45 双击鼠标结束动作路径的绘制

第四步，如果用户不想自定义路径，也可以选择【其他动作路径】命令，出现【添加动作路径】对话框，从数十种已经设置好的路径中挑选。

第五步，设置完毕后，单击【确定】按钮。此时，为同一对象添加了两种动画效果，对象前显示的数字，表示此动画在该页的播放次序。

4.删除动画效果

删除自定义动画效果的方法很简单，可以通过两种方法来完成：一是选择要删除动画的对象，然后在【动画】选项卡的【动画】组中选择【无】选项。二是在【动画】选项卡的【高级动画】组中单击【动画窗格】按钮，打开动画窗格，在列表区域中要删除的动画上单击鼠标右键，然后在弹出的快捷菜单中选择【删除】命令。

（二）动画切换效果

所谓幻灯片切换效果，就是指两张连续的幻灯片之间的过渡效果，也就是从前一张幻灯片转到下一张幻灯片之间要呈现出的样貌。用户可以设置幻灯片的切换效果，使幻灯片以多种不同的样式出现在屏幕上，并且可以在切换时添加声音。

设置幻灯片切换效果的操作步骤如下。

第一步，在普通视图左侧的【幻灯片】选项卡中单击某个幻灯片缩略图。

第二步，切换到功能区中的【切换】选项卡，在【切换到此幻灯片】组中单击一个幻灯片切换效果。如果要查看更多的切换效果，可以单击【快速样式片】列表右侧的【其他】按钮，如图3-46所示。

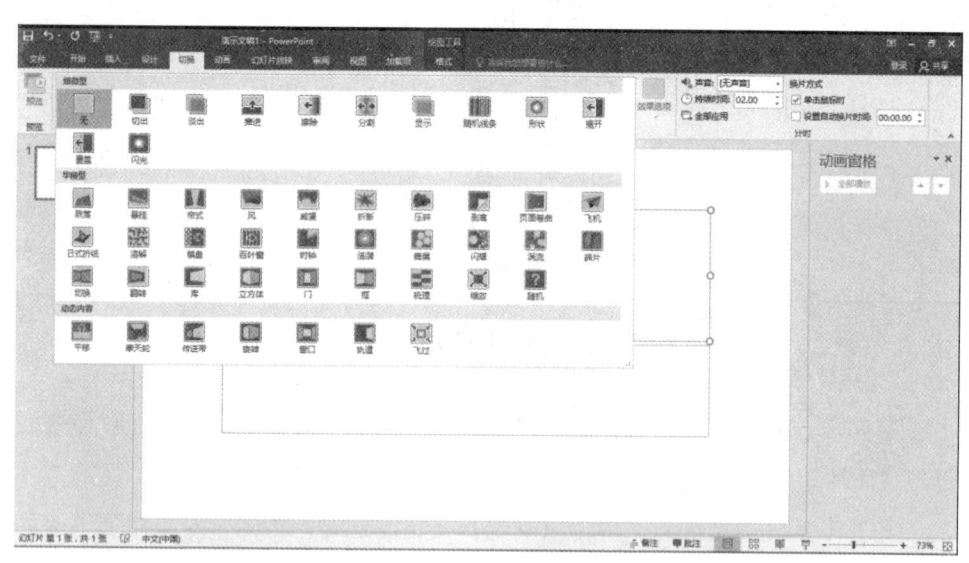

图3-46　单击【快速样式片】列表右侧的【其他】按钮

第三步，要设置幻灯片切换效果的速度，可在【持续时间】文本框中输入幻灯片切换的速度值，如图3-47所示。

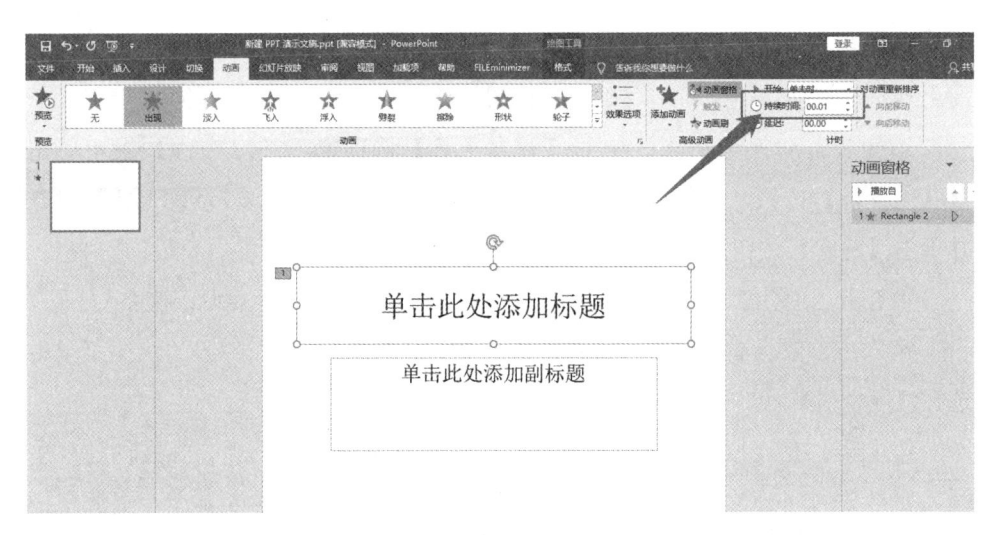

图3-47 输入幻灯片切换的速度值

第四步，在【声音】下拉列表框中选择幻灯片换页时的声音。如果选中【播放下一段声音之前一直循环】选项，则会在进行幻灯片放映时连续播放声音，直到出现下一个声音。

第五步，在【换片方式】组中，可以设置幻灯片切换的换页方式。如果选择【单击鼠标】，可以在幻灯片放映过程中单击鼠标来切换到下一页。如果为每张幻灯片设置了播放时长，可以选中【设置自动换片时间】复选框，这样能够自动播放切换幻灯片。

第六步，如果单击【全部应用】按钮，则会将切换效果应用于整个演示文稿。

（三）插入Flash

Flash动画具有小巧灵活的优点，用户可以在PowerPoint演示文稿中插入扩展名为".swft"的Flash动画文件，以增强演示文稿的动画功能。如果用户拥有一个动画图形，可以在PowerPoint演示文稿中播放该文件。

插入Flash动画的具体操作步骤如下。

第一步，在普通视图中显示要播放动画的幻灯片。

第二步，单击【文件】选项卡，然后在弹出的菜单中选择【选项】命令，出现【PowerPoint选项】对话框。

职场基本功

第三步，单击左侧的【自定义功能区】选项，在右侧的列表框内选中【开发工具】复选框，然后单击【确定】按钮。

第四步，切换到功能区中的【开发工具】选项卡，在【控件】组中单击【其他控件】按钮，出现【其他控件】对话框，选择【Shock wave Flash】时，并单击【确定】按钮。

第五步，在幻灯片上拖动鼠标以绘制控件，通过拖动尺寸控点调整控件大小。

第六步，鼠标右键单击【Shock wave Flash Object】，在弹出的快捷菜单中选择【属性表】命令，出现【属性】对话框。

第七步，在【按字母顺序】选项卡上单击【Movie1】选项，在右侧的框中输入要播放的Flash文件的完整驱动器路径及文件名，或者输入其统一资源定位器(URL)。

第八步，要想在显示幻灯片时自动播放文件，将Playing属性设置为True。如果Flash文件内置有"开始/倒带"控件，则将Playing属性设置为False。

第九步，如果不需要重复播放动画，则可将Loop属性设置为False，否则设置为True。

第十步，要嵌入Flash文件以便与其他人共享演示文稿，可将Embed Movie属性设置为True，否则设置为False。

四、幻灯片放映

（一）放映前的准备工作

幻灯片放映不需要做任何特殊的操作，只需创建幻灯片并保存为演示文稿即可。当然，用户可以使用"幻灯片浏览"视图重新安排幻灯片放映。

1. 重新设置幻灯片放映

单击【视图】选项卡中的【幻灯片浏览】按钮，或者单击状态栏右侧的【幻灯片浏览】按钮，即可切换到幻灯片浏览视图中。用户可以利用【视图】选项卡中的【显示比例】按钮(或拖动状态栏右侧的显示比例滑块)控制幻灯片浏览视图的显示比例，以控制屏幕上显示幻灯片的数量。在该视图中，要更改幻灯片的显示顺序，可以直接把幻灯片从原来的位置拖到另一个位置。要删除幻灯片，单击该幻灯片并按【Delete】键即可，或者鼠标右键单击该幻灯片，再从弹出的快捷菜单中选择【删除幻灯片】命令。

2.隐藏幻灯片

如果放映幻灯片的时间有限，有些幻灯片将不能逐一演示，用户可以利用隐藏幻灯片的方法，将几张幻灯片隐藏起来，而不必将这些幻灯片删除。如果要重新显示这些幻灯片，只需取消隐藏即可。隐藏幻灯片的具体操作步骤如下。

第一步，切换到幻灯片浏览视图中。

第二步，鼠标右键单击要隐藏的幻灯片，在弹出的快捷菜单中选择"隐藏幻灯片"命令。

（二）设置PPT放映

默认情况下，演示者需要手动放映演示文稿，例如，通过按任意键完成从一张幻灯片切换到另一张幻灯片的动作。当然，也可以创建自动播放演示文稿，用于商贸展示或展台。自动播放幻灯片的转换方式是设置每张幻灯片在自动切换到下一张幻灯片前，在屏幕上停留的时间。切换到功能区中的【幻灯片放映】选项卡，在【设置】组中单击【设置幻灯片放映】按钮，出现【设置放映方式】对话框。用户可以根据不同场合运行演示文稿的需要，选择三种不同的方式放映幻灯片，如图3-48所示。

图3-48 【设置放映方式】对话框

第一种，演讲者放映(全屏幕)。这是最常用的放映方式，由演讲者全程控制整个放映过程，可以采用自动或人工的方式运行放映，还可以改变幻灯片的放映流程。

第二种，观众自行浏览(窗口)。这种放映方式可以用于小规模的演示。以这种方式放映演示文稿时，演示文稿会出现在小型窗口内，并提供相应的操作命令，允许移动、编辑、复制和打印幻灯片。在此方式中，观众可以通过该窗口的滚动条从一张幻灯片移到另一张幻灯片，同时打开其他程序。

第三种，在展台浏览(全屏幕)。这种方式可以自动放映演示文稿。展览会场或会议中就经常使用这种方式，它可以实现无人管理。自动放映的演示文稿是不需要专人播放幻灯片就可以发布信息的绝佳方式，同时能够使大多数控制都失效，这样观众就不能改动演示文稿了。当演示文稿自动运行结束，或者某张人工操作的幻灯片已经闲置一段时间，它又会自动重新开始放映。

（三）幻灯片放映的控制

当用户采用"演讲者放映(全屏幕)"方式放映演示文稿时，会在全屏幕下显示每张幻灯片。在幻灯片放映过程中，无论将放映方式设置为人工还是自动，均可利用快捷菜单控制幻灯片放映的各个环节。

控制幻灯片放映的具体操作步骤如下。

第一步，打开要放映的演示文稿。

第二步，切换到功能区中的【幻灯片放映】选项卡，在【开始放映幻灯片】组中单击【从头开始】命令，即可开始放映演示文稿。

第三步，在放映的过程中，鼠标右键单击屏幕的任意位置，利用弹出快捷菜单中的命令控制幻灯片的放映，在放映过程中移动鼠标指针，屏幕的左下角会显示快捷工具栏，其中包括一些控制放映的工具。

单击【下一张】按钮，可以切换到下一张幻灯片。选择【上一张】按钮，可以返回到上一张幻灯片。

单击【笔】按钮，可以选择笔、激光笔、荧光笔等，然后在幻灯片放映中对重点地方进行标注，并可以进一步选择笔的颜色。单击【查看所有幻灯片】

按钮，可以切换到幻灯片浏览视图，单击某个幻灯片缩略图，即可从该幻灯片开始播放幻灯片。

单击【放大】按钮，然后将鼠标指针移到幻灯片中需要放大的位置，单击鼠标左键即可放大显示该区域，能够将观众的注意力引向要点。要恢复到正常显示，可以用鼠标右键单击幻灯片画面。

单击【更多幻灯片放映选项】按钮，在弹出的菜单中可以选择前一次查看过的"自定义放映""显示者视图"等命令。

第五节
高效办公

一、打印设置

（一）打印的基本操作

完成文档的排版操作后，就可以将文档打印输出到纸张上了。在打印之前，最好先进行预览，如果满意再进行打印。本部分将介绍如何进行打印预览及打印输出。

1. 打印预览文档

为了保证打印输出的品质及准确性，一般在正式打印前都需要先进入预览状态检查文档整体版式布局是否还存在问题，确认无误后再进入下一步的打印设置及打印输出。打印预览文档的操作步骤如下。

第一步，单击【文件】选项卡，在展开的菜单中选择【打印】命令，此时在文档窗口中将显示所有与文档打印有关的命令，在最右侧的窗格中能够预览打印效果，如图3-49所示。

图3-49　预览打印效果

第二步，拖动【显示比例】滚动条上的滑块能够调整文档的显示大小，单击【下一页】按钮和【上一页】按钮，能够进行预览的翻页操作。

2. 打印文档

对打印的预览效果满意后，即可对文档进行打印。在Office文档中，为打印进行页面、页数、份数等设置，可以直接在【打印】命令列表中选择操作。打印文档的具体操作步骤如下。

第一步，打开需要打印的文档，单击【文件】选项卡，在展开的菜单中选择【打印】命令，在【打印机】下拉列表中选择要使用的打印机。也可在中间窗格中【份数】文本框中设置打印的份数。

第二步，单击【打印】按钮，即可开始文档的打印。

第三步，默认打印文档中的所有页面，单击【打印所有页】按钮，在弹出的列表中选择要打印的范围。若只需打印当前页，需选择【打印当前页】选项。另外，还可以在【页数】文本框中打印指定页码的内容。例如，要打印文档中第9页至第13页，可以在文本框中输入9-13。

第四步，在【打印】命令的列表窗格中还提供了常用的打印设置按钮，如设置页面的打印顺序、打印方向以及设置页边距等，只需单击相应的选项按钮，在下级列表中选择相关的参数即可。

第五步，如果想把几页缩小打印到一张纸上，可以单击中间窗中的【每版打印1页】按钮，在弹出的列表中选择每张纸将打印正文的几页内容，如图3-50所示。

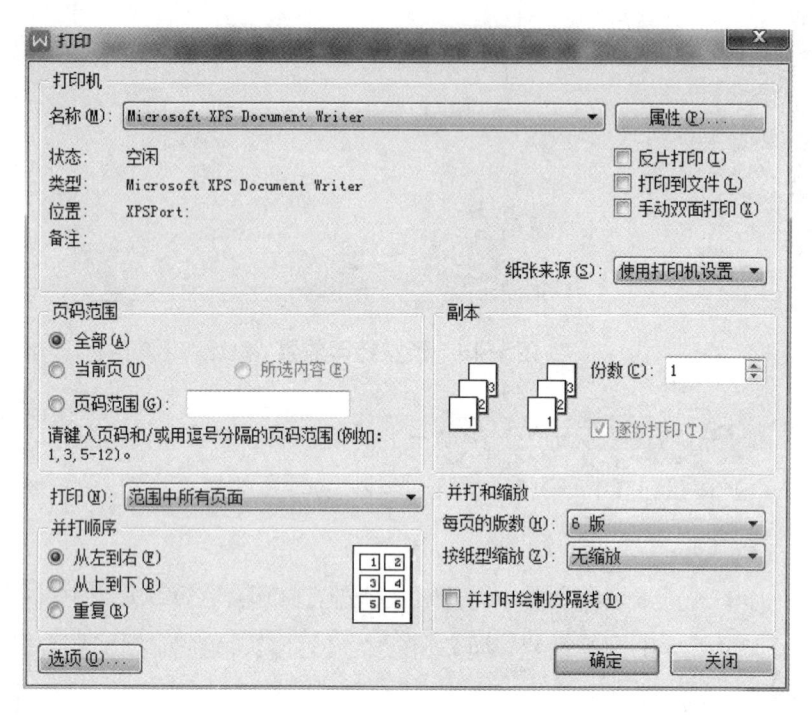

图3-50　打印界面

（二）打印技巧

1.使用打印预览

打印前要使用预览功能。使用【Ctrl+P】组合键的快捷方式或者在文档左上角的文件选项中点击【打印】，则可以在该界面右半部分看到打印预览界面，还可以看到页码信息。预览是打印前必不可少的工作，可以发现文档在格式、布局方面存在的问题，如图3-51所示。

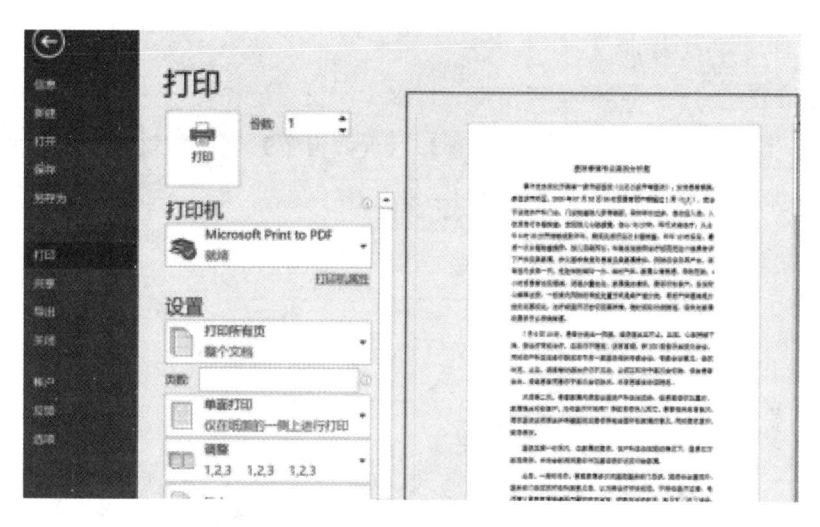

图3-51　打印预览

2.设置背景色

如果Word文档中设置了背景色，但是直接打印并看不出效果，需要在Word选项中勾选【打印背景色和图像】选项，此时再查看预览界面可以发现背景色已经显示出来，如图3-52所示。

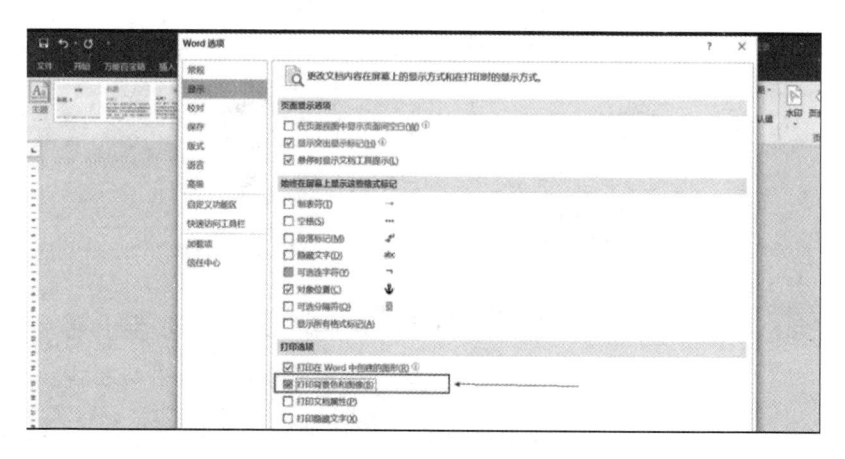

图3-52　设置背景色

3.固定字数打印

如果公司对每一页多少行、每一行多少字符有严格要求，则可以在页面设置中进行设置。依次点击【打印设置】【页面设置】【文档网格】【网格】，勾选指定行和字符，则可以对行数和字符数进行设置，如图3-53所示。

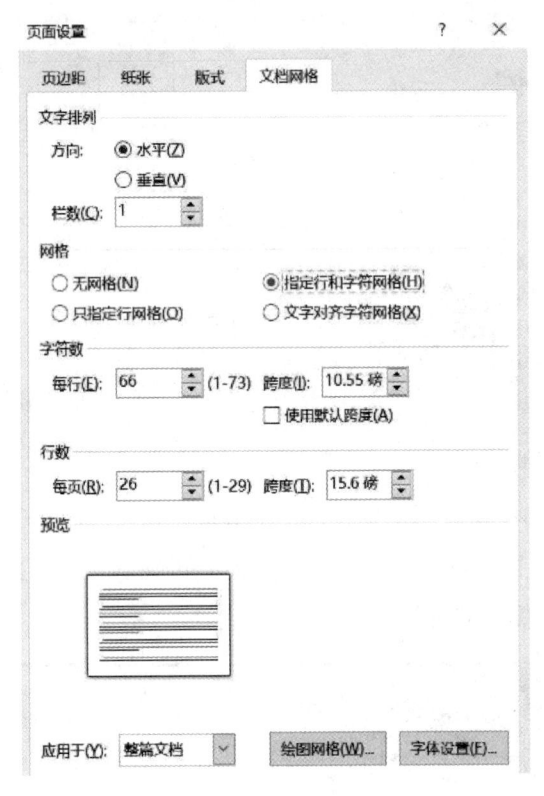

图3-53　固定字数打印

4.打印标题行

打印Excel文件的页数超过一页的时候，在第二页系统不会出现标题行，而是直接连续下去，这样的数据缺少标题行，需要从第一页进行查找。此时我们可以通过打印设置在每页增加标题行。依次通过【页面布局】—【打印标题】—【工作表】—【顶端标题行】—【选中标题行】—【打印预览】，设置方式如图3-54所示。

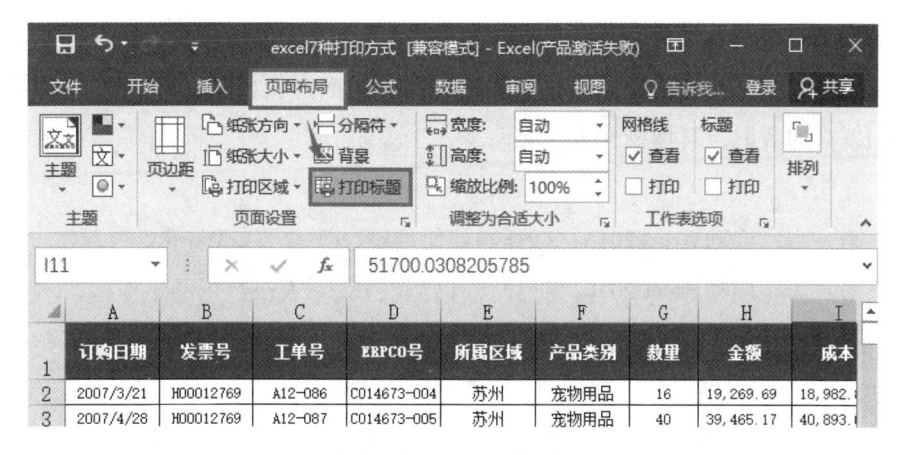

图3-54　打印标题行

5.缩放打印

如果我们想要将两页打印成一页，方便审阅，可调整打印缩放比例，将所有打印内容放在同一页。操作步骤为：打印【设置】—【无缩放】—【将工作表调整为一页】，如图3-55所示。

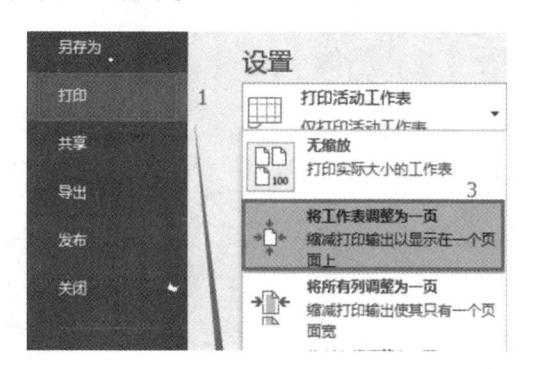

图3-55　缩放打印

二、Office 组件间的协作

（一）Word与Excel之间的协作

在Word文档中除了可以使用图片、图表、艺术字等对象外，还可以使用

Excel工作表等其他组件创建的文档。在Word文档中使用这些文件，能够发挥其他组件的优势，同时使文档的内容更加丰富。下面介绍如何在Word文档中使用Excel表格的数据，具体操作方法有两个，步骤如下。

方法1：

第一步，启动Word 2016，打开需要使用Excel工作表的Word文档。

第二步，启动Excel 2016，打开含有要复制Excel表格数据的工作簿，然后选中工作表数据，并按【Ctrl+C】组合键，或者单击【开始】选项卡的【剪贴板】组中的【复制】按钮。

第三步，切换到Word中，将插入点放置到要插入工作表数据的位置，然后按【Ctrl+V】组合键，或者单击【开始】选项卡的【剪贴板】组中的【粘贴】按钮。

方法2：

在Word中可以直接创建Excel工作表，这样就不用在两个软件中来回切换。

第一步，单击【插入】选项卡【文本】组中的【对象】按钮，如图3-56所示。

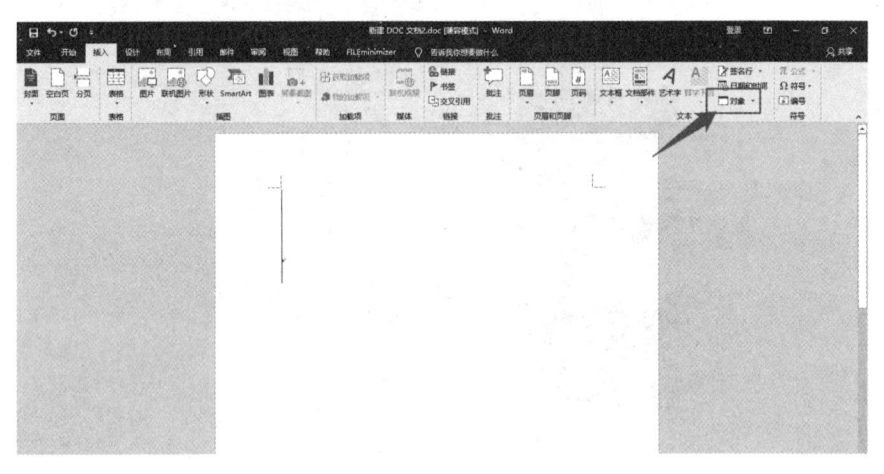

图3-56　单击【对象】按钮

第二步，弹出【对象】对话框，在【对象类型】列表框中选择【Microsoft Excel 工作表】选项，如图3-57所示。

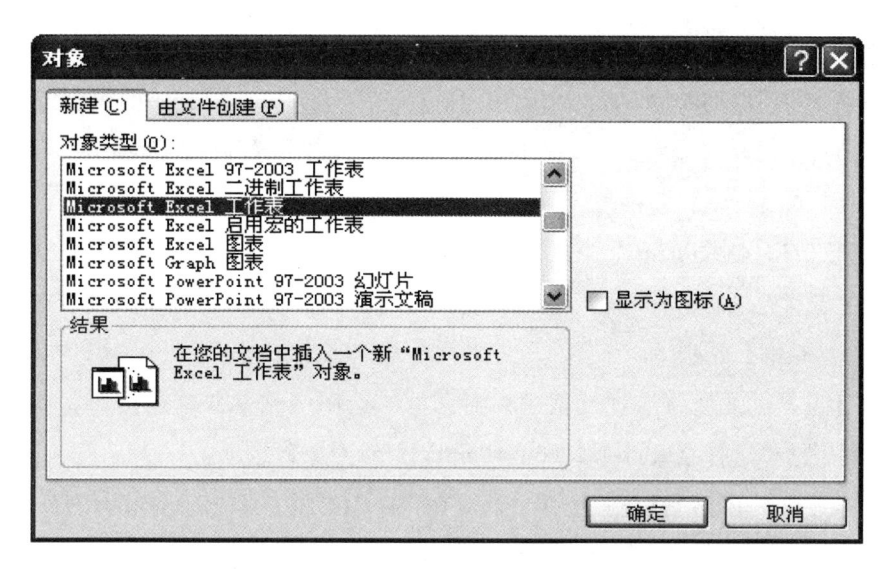

图3-57 【Microsoft Excel 工作表】选项

第三步，单击【确定】按钮，文档中就会出现Excel 工作表的状态，同时当前窗口最上方的功能区显示的是Excel 软件的功能区，直接在工作表中输入所需要的数据即可，如图3-58所示。

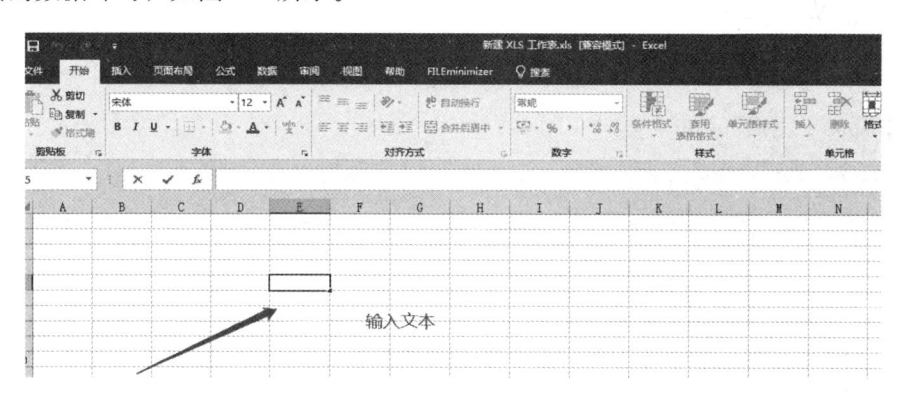

图3-58 在工作表中输入所需要的数据

（二）Word与PPT之间的协作

Word文档中的演示文稿能够以对象的形式插入，插入的演示文稿也可以在Word文档中调用PowerPoint对其进行编辑。下面介绍在Word文档中插入演示文稿的具体操作步骤。

第一步，启动PowerPoint 2016，打开包含要插入到Word文档中的演示文稿。

第二步，选择要插入文档中的幻灯片，然后单击【开始】选项卡的【剪贴板】组中的【复制】按钮。

第三步，启动Word，在需要数据的地方设置插入点。在【开始】选项卡中，单击【剪贴板】组中的【粘贴】按钮右侧的向下箭头，在下拉列表中选择【选择性粘贴】选项。

第四步，弹出【选择性粘贴】对话框，选中【粘贴】单选按钮，在【形式】列表框中选择【Microsoft PowerPoint幻灯片对象】选项。

第五步，单击【确定】按钮，即可在Word文档中嵌入PowerPoint幻灯片。

第六步，在文档中鼠标右键单击插入的幻灯片，在弹出的快捷菜单中选择【Slide对象】命令，再选择级联菜单中的【编辑】命令。

第七步，在Word文档窗口中打开PowerPoint 2016，此时即可对Word文档中的对象进行编辑处理。完成设置后，按Esc键退出演示文稿的编辑状态。

用户可以将PowerPoint 演示文稿插入到Word 软件中进行编辑及放映，具体的操作步骤如下。

第一步，打开 Word 软件，单击【插入】选项卡【文本】选项组中的【对象】按钮，如图3-59所示。

图3-59　单击【对象】按钮

第二步，在弹出的【对象】对话框中选择【由文件创建】选项卡，如图3-60所示。

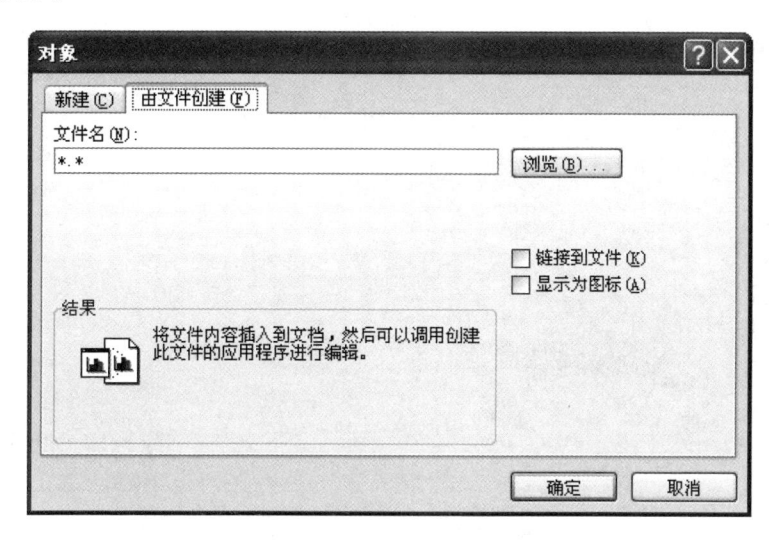

图3-60　选择【由文件创建】

第三步，单击【浏览】按钮，在打开的【浏览】对话框中选择需要插入的PowerPoint文件，然后单击【插入】按钮，如图3-61所示。

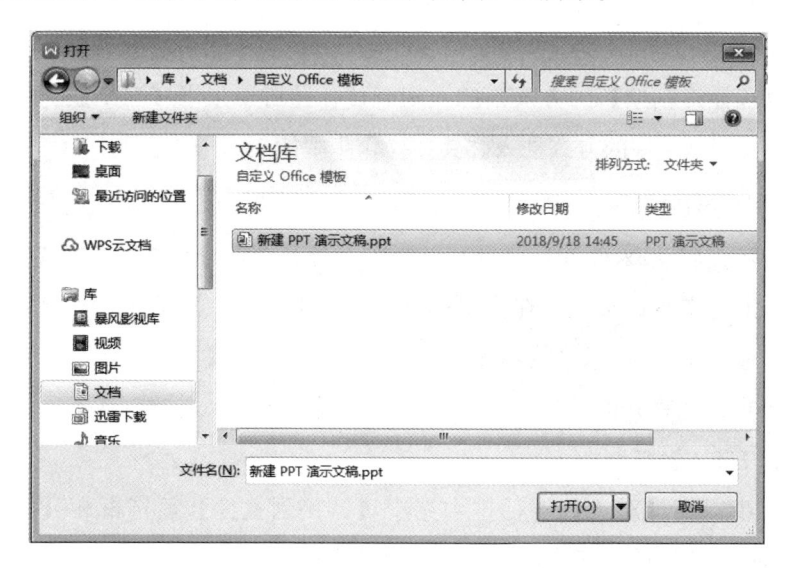

图3-61　选择需要插入的PowerPoint文件

第四步，单击【对象】对话框中的【确定】按钮，即可在文档中插入所选的演示文稿，如图3-62所示。

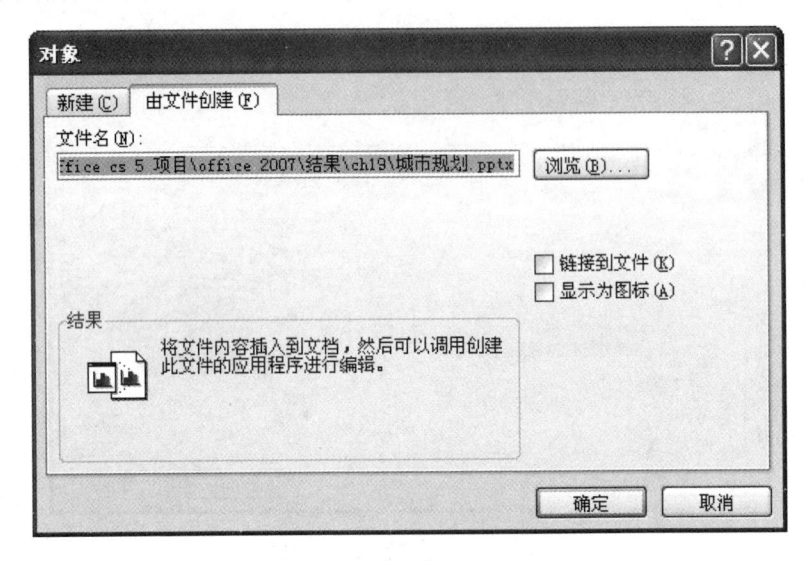

图3-62 选定演示文稿

（三）Excel与PPT之间的协作

在Excel工作表中插入Word文档和PowerPoint演示文稿的方式基本相同，可以利用【选择性粘贴】的方式来插入幻灯片，还可以采用【对象】对话框将制作完成的文档以文件的方式插入。具体操作步骤如下。

1. 将Word插入幻灯片

第一步，启动Excel 2016，打开需要插入演示文稿的工作表。在【插入】选项卡中单击【文本】按钮，在弹出的菜单中单击【对象】按钮打开【对象】对话框，在对话框的【由文件创建】选项卡中单击【浏览】按钮。

第二步，在打开的【浏览】对话框中选择需要插入文档的演示文稿文件，然后单击【插入】按钮。

第三步，在【对象】对话框内选中【链接到文件】复选框和【显示为图标】复选框，然后单击【确定】按钮关闭对话框。

第四步，演示文稿以链接文件的形式插入到工作表中，同时显示为图标。

双击该演示文稿，即可放映该演示文稿。

2. 在PowerPoint 中调用Excel 工作表

用户可以将在Excel 软件中制作的工作表调用到PowerPoint 软件中放映，具体操作步骤如下。

第一步，将需要复制的数据区域选中，然后单击鼠标右键，在弹出的快捷菜单中选择【复制】菜单，如图3-63所示。

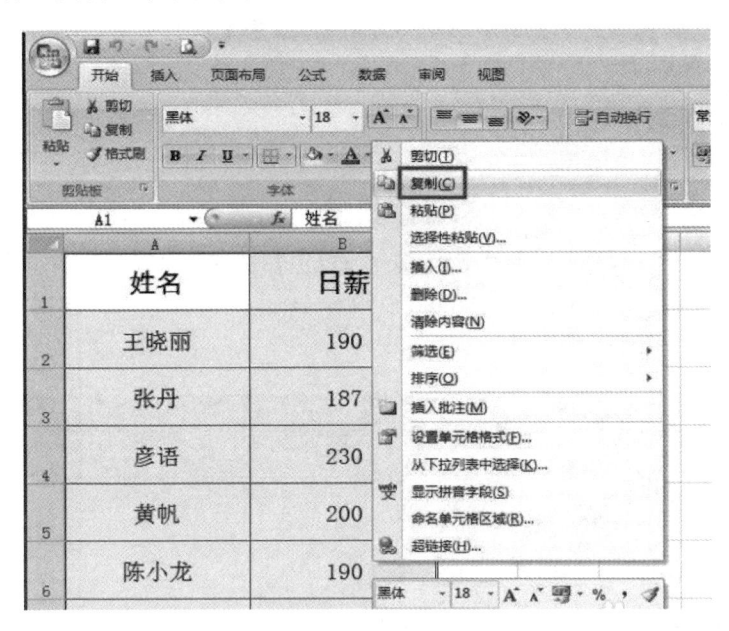

图3-63 选择【复制】菜单

第二步，切换到PowerPoint 软件中，单击【开始】选项卡【剪贴板】组中的【粘贴】按钮，如图3-64所示。

职场基本功

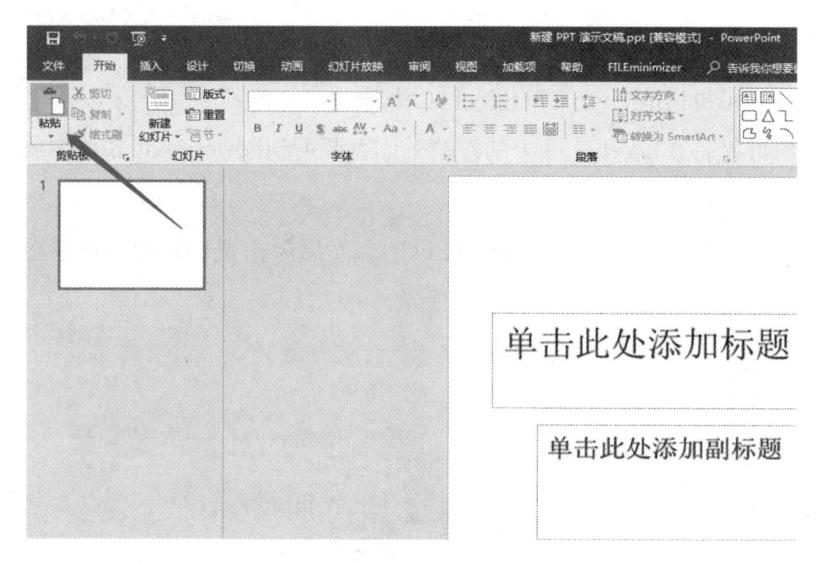

图3-64 单击【粘贴】按钮

最终效果如图3-65所示。

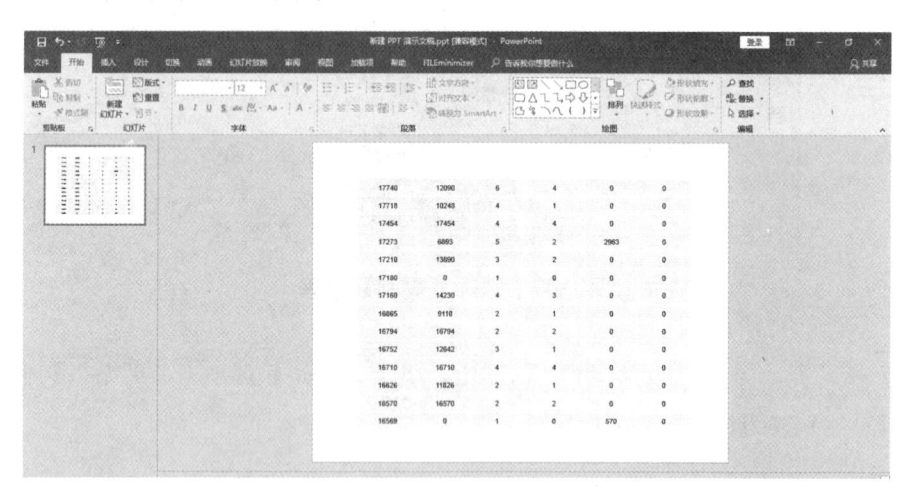

图3-65 最终效果

本章思考题

- 常见的Office软件使用误区有哪些？
- 如何在Word中生成目录？
- 如何在Excel中使用函数公式进行附条件查找和附条件求和？
- 在PPT中如何添加图表并美化？
- 如何在Office软件中实现缩放打印？

附录
Word、PPT、Excel 实用快捷键

若要	按
切换到下一个窗口。	Alt+Tab
切换到上一个窗口。	Alt+Shift+Tab
关闭活动窗口。	Ctrl+F4
在将活动窗口最大化后再还原其大小。	Alt+F5
从程序窗口中的一个任务窗格移动到另一个任务窗格（沿顺时针方向）。（可能需要多次按 F6。）	F6
切换到上一个窗口。	Ctrl+Shift+F6
将所选的窗口最大化或还原其大小。	Ctrl+F10
将屏幕上的图片复制到剪贴板上。	Print Screen
将所选窗口上的图片复制到剪贴板上。	Alt+Print Screen
移动到下一个选项或选项组。	Tab
移动到上一个选项或选项组。	Shift+Tab
切换到对话框中的下一个选项卡。	Ctrl+Tab
切换到对话框中的上一个选项卡。	Ctrl+Shift+Tab
在打开的下拉列表中的各选项之间或一组选项中的各选项之间移动。	箭头键
打开所选的下拉列表。	Alt+向下键
关闭所选的下拉列表；取消命令并关闭对话框。	Esc

若要	按
移至条目的开头。	Home
移至条目的结尾。	End
向左或向右移动一个字符。	向左键或向右键
向左移动一个字词。	Ctrl+向左键
向右移动一个字词。	Ctrl+向右键
向左选取或取消选取一个字符。	Shift+向左键

向右选取或取消选取一个字符。	Shift+向右键
向左选取或取消选取一个单词。	Ctrl+Shift+向左键
向右选取或取消选取一个单词。	Ctrl+Shift+向右键
选择从插入点到条目开头之间的内容。	Shift+Home
选择从插入点到条目结尾之间的内容。	Shift+End

—— 使用"打开"和"另存为"对话框

若要	按
显示【打开】对话框。	Ctrl+F12 或 Ctrl+O
显示【另存为】对话框。	F12
打开选中的文件夹或文件。	Enter
打开所选文件夹的上一级文件夹。	Backspace
删除所选的文件夹或文件。	Delete
显示选中项目(例如文件夹或文件)的快捷菜单。	Shift+F10
向前移动浏览选项。	Tab
向后移动浏览选项。	Shift+Tab
打开"查找范围"列表	F4 或 Alt+I

—— 撤销和恢复操作

若要	按
取消操作。	Esc
撤销上一个操作。	Ctrl+Z
恢复或重复操作。	Ctrl+Y

—— 访问和使用任务窗格和库

若要	按
从程序窗口中的一个任务窗格移动到另一个任务窗格。(可能需要多次按 F6。)	F6
当菜单为活动状态时,移动到另一个任务窗格。(可能需要多次按F6。)	Ctrl+Tab
如果任务窗格处于活动状态,选择该任务窗格中的下一个或上一个选项。	Tab 或 Shift+Tab

显示任务窗格菜单上的整个命令集。	Ctrl+空格键
执行分配给所选按钮的操作。	空格键或 Enter
打开选中库项目的下拉菜单。	Shift+F10
选择库中的第一个或最后一个项目。	Home 或 End
在选中的库列表中向上或向下滚动。	Page Up 或 Page Down

若要	按
显示选中项目的快捷菜单。	Shift+F10
显示可用操作或【自动更正选项】按钮 或【粘贴选项】按钮 的菜单或消息。如果存在多个操作，则切换到下一个操作并显示其菜单或消息。	Alt+Shift+F10
在可用操作菜单中的选项之间移动。	箭头键
在可用操作菜单上对所选的项目执行操作。	Enter
关闭可用操作菜单或消息。	Esc

若要	按
选择功能区的活动选项卡并激活访问键。	Alt 或 F10。再次按下这两个键中的任意一个，以移回到文档并取消访问键。
移至功能区的另一选项卡。	先按 F10 选择活动选项卡，然后按向左键或向右键
展开或收起功能区。	Ctrl+F1
显示选中项目的快捷菜单。	Shift+F10
在功能区上分别向前或向后将焦点移动至每个命令。	Tab 或 Shift+Tab
在功能区上分别向下、向上、向左或向右在各项之间移动。	向下键、向上键、向左键或向右键
激活功能区上所选的命令或控件。	空格键或 Enter
打开功能区上所选的菜单或库。	空格键或 Enter
激活功能区上的命令或控件，以便可以修改某个值。	Enter
完成对功能区上某个控件中值的修改，并将焦点移回文档中。	Enter

| 获取有关功能区上所选命令或控件的帮助。（如果没有与所选的命令关联的帮助主题，则显示有关该程序的一般帮助主题。） | F1 |

Microsoft Word 快速参考
—— Microsoft Word 中的常规任务

若要	按
创建不间断空格。	Ctrl+Shift+空格键
创建不间断连字符。	Ctrl+Shift+连字符 (-)
使字符变为粗体。	Ctrl+B
使字符变为斜体。	Ctrl+I
为字符添加下划线。	Ctrl+U
将字号减小一个值。	Ctrl+Shift+<
将字号增大一个值。	Ctrl+Shift+>
将字号减小 1 磅。	Ctrl+[
将字号增大 1 磅。	Ctrl+]
删除段落或字符格式。	Ctrl+空格键
复制所选文本或对象。	Ctrl+C
剪切所选文本或对象。	Ctrl+X
粘贴文本或对象。	Ctrl+V
选择性粘贴	Ctrl+Alt+V
仅粘贴格式	Ctrl+Shift+V
撤销最后一个操作。	Ctrl+Z
恢复最后一个操作。	Ctrl+Y
打开【字数统计】对话框。	Ctrl+Shift+G

处理文档和网页
—— 创建、查看和保存文档

若要	按
创建新文档。	Ctrl+N
打开文档。	Ctrl+O

219

若要	按
关闭文档。	Ctrl+W
拆分文档窗口。	Alt+Ctrl+S
撤销拆分文档窗口。	Alt+Shift+C 或 Alt+Ctrl+S
保存文档。	Ctrl+S

―― 查找、替换和浏览文本

若要	按
打开【导航】任务窗格（搜索文档）。	Ctrl+F
重复查找（在关闭【查找和替换】窗口之后）。	Alt+Ctrl+Y
替换文字、特定格式和特殊项。	Ctrl+H
定位至页、书签、脚注、表格、注释、图形或其他位置。	Ctrl+G
在最后四个已编辑过的位置之间进行切换。	Alt+Ctrl+Z
打开浏览选项列表。按箭头键选择一个选项，然后按 Enter 使用选定的选项对文档进行浏览。	Alt+Ctrl+Home
移至上一个浏览对象（在浏览选项中设置）。	Ctrl+Page Up
移至下一个浏览对象（在浏览选项中设置）。	Ctrl+Page Down

―― 切换至其他视图

若要	按
切换到页面视图。	Alt+Ctrl+P
切换到 Web 版式视图。	
切换到大纲视图。	Alt+Ctrl+O
切换到草稿视图。	Alt+Ctrl+N

―― 大纲视图

若要	按
提升段落级别。	Alt+Shift+向左键
降低段落级别。	Alt+Shift+向右键
降级为正文。	Ctrl+Shift+N
上移所选段落。	Alt+Shift+向上键
下移所选段落。	Alt+Shift+向下键

扩展标题下的文本。	Alt+Shift+加号 (+)
折叠标题下的文本。	Alt+Shift+减号 (−)
扩展或折叠所有文本或标题。	Alt+Shift+A
隐藏或显示字符格式。	数字键盘上的斜杠 (/)
显示首行正文或所有正文。	Alt+Shift+L
显示所有具有"标题 1"样式的标题。	Alt+Shift+1
显示直至"标题 n"的所有标题。	ALT+SHIFT+n
插入制表符。	Ctrl+Tab

—— 打印和预览文档

若要	按
打印文档。	Ctrl+P
切换到打印预览。	Alt+Ctrl+I
在放大的预览页上移动。	箭头键
在缩小显示比例时逐页翻阅预览页。	Page Up 或 Page Down
在缩小显示比例时移至预览首页。	Ctrl+Home
在缩小显示比例时移至最后一张预览页。	Ctrl+End

—— 审阅文档

若要	按
插入批注。	Alt+Ctrl+M
打开或关闭修订。	Ctrl+Shift+E
如果【审阅窗格】打开,则将其关闭。	Alt+Shift+C

—— 阅读模式
注释　某些屏幕阅读软件可能不兼容阅读模式。

若要	按
转到文档起始端。	Home
转到文档末端。	End
转至第 n 页。	n, Enter
退出阅读模式。	Esc

—— 引用、脚注和尾注

若要	按
标记目录项。	Alt+Shift+O
标记引文目录项（引文）。	Alt+Shift+I
插入索引项。	Alt+Shift+X
插入脚注。	Alt+Ctrl+F
插入尾注。	Alt+Ctrl+D

—— 处理网页

若要	按
插入超链接。	Ctrl+K
返回一页。	Alt+向左键
前进一页。	Alt+向右键
刷新。	F9

编辑和移动文本和图形
—— 删除文本和图形

若要	按
向左删除一个字符。	Backspace
向左删除一个字词。	Ctrl+Backspace
向右删除一个字符。	Delete
向右删除一个字词。	Ctrl+Delete
将所选文字剪切到"Office 剪贴板"。	Ctrl+X
撤销最后一个操作。	Ctrl+Z
剪切至"图文场"。	Ctrl+F3

——复制和移动文本及图形

若要	按
打开"Office 剪贴板"。	按 Alt+H 移至【开始】选项卡，然后依次按下 F 和 O。
将所选文本或图形复制到"Office 剪贴板"。	Ctrl+C

将所选文本或图形剪切到"Office 剪贴板"。	Ctrl+X
从"Office 剪贴板"粘贴最新添加项或先前已粘贴的项。	Ctrl+V

要插入	按
域	Ctrl+F9
换行符	Shift+Enter
分页符	Ctrl+Enter
分栏符	Ctrl+Shift+Enter
长破折号	Alt+Ctrl+减号
短破折号	Ctrl+减号
可选连字符	Ctrl+连字符
不间断连字符	Ctrl+Shift+连字符 (-)
不间断空格	Ctrl+Shift+空格键
版权符号	Alt+Ctrl+C
注册商标符号	Alt+Ctrl+R
商标符号	Alt+Ctrl+T
省略号	Alt+Ctrl+句号
左侧单引号	Ctrl+`(单引号),`(单引号)
右侧单引号	Ctrl+'(单引号),'(单引号)
左侧双引号	Ctrl+`(单引号),Shift+'(单引号)
右侧双引号	Ctrl+'(单引号),Shift+'(单引号)

若要	按
打开扩展模式。	F8
选定相邻的字符。	F8,然后请按向左键或向右键
增加所选内容的大小。	F8(请按一次选定一个单词,请按两次选定一个句子,以此类推)
减少所选内容的大小。	Shift+F8
关闭扩展模式。	Esc
将所选内容向右扩展一个字符。	Shift+向右键

将所选内容向左扩展一个字符。	Shift+向左键
将所选内容扩展到字词的末尾。	Ctrl+Shift+向右键
将所选内容扩展到字词的开头。	Ctrl+Shift+向左键
将所选内容扩展到一行的末尾。	Shift+End
将所选内容扩展到一行的开头。	Shift+Home
将所选内容向下扩展一行。	Shift+向下键
将所选内容向上扩展一行。	Shift+向上键
将所选内容扩展到段落的末尾。	Ctrl+Shift+向下键
将所选内容扩展到段落的开头。	Ctrl+Shift+向上键
将所选内容向下扩展一屏。	Shift+Page Down
将所选内容向上扩展一屏。	Shift+Page Up
将所选内容扩展到文档的开头。	Ctrl+Shift+Home
将所选内容扩展到文档的末尾。	Ctrl+Shift+End
将所选内容扩展到窗口的末尾。	Alt+Ctrl+Shift+Page Down
将所选内容扩展到包含整篇文档。	Ctrl+A
纵向选择文字块。	Ctrl+Shift+F8，然后用箭头键；按 Esc 可取消选定模式
将所选内容扩展到文档中的某个特定位置。	F8+箭头键；按 Esc 可取消选定模式

—— 选定表格中的文字和图形

若要	按
选定下一单元格的内容。	Tab
选定上一单元格的内容。	Shift+Tab
将所选内容扩展到相邻单元格。	按住 Shift 并重复按某箭头键
选定列。	使用箭头键移至列的最上或最下一个单元格，然后执行下列操作之一： 按 Shift+Alt+Page Down 从上到下选择该列。 按 Shift+Alt+Page Up 从下到上选择该列。
扩展所选内容（或块）。	Ctrl+Shift+F8，然后用箭头键；按 Esc 可取消选定模式
选定整张表格。	Alt+数字键盘上的 5（Num Lock 键需处于关闭状态）

—— 在文档中移动

若要移动到	按
左侧的一个字符	向左键
右侧的一个字符	向右键
向左移动一个字词	Ctrl+向左键
向右移动一个字词	Ctrl+向右键
上移一段	Ctrl+向上键
下移一段	Ctrl+向下键
左移一个单元格（在表格中）	Shift+Tab
右移一个单元格（在表格中）	Tab
上移一行	向上键
下移一行	向下键
移至行尾	End
移至行首	Home
移至窗口顶端	Alt+Ctrl+Page Up
移至窗口结尾	Alt+Ctrl+Page Down
上移一屏（滚动）	Page Up
下移一屏（滚动）	Page Down
移至下页顶端	Ctrl+Page Down
移至上页顶端	Ctrl+Page Up
移至文档结尾	Ctrl+End
移至文档开头	Ctrl+Home
移至前一处修订	Shift+F5
打开一个文档后，转到该文档上一次关闭时您执行操作的位置。	Shift+F5

—— 在表格中移动

若要移动到	按
一行中的下一个单元格	Tab
一行中的上一个单元格	Shift+Tab
一行中的第一个单元格	Alt+Home
一行中的最后一个单元格	Alt+End

一列中的第一个单元格	Alt+Page Up
一列中的最后一个单元格	Alt+Page Down
上一行	向上键
下一行	向下键
上移行	Alt+Shift+向上键
下移行	Alt+Shift+向下键

—— 在表格中插入段落和制表符

要插入的对象	按
在单元格中插入新段落	Enter
在单元格中插入制表符	Ctrl+Tab

—— 使用改写模式

若要更改改写设置，以便能够通过按 Insert 访问改写模式，请执行下列操作：

按【Alt+F】和【T】打开【Word 选项】。

按【A】选择【高级】，然后按【Tab】。

按【Alt+O】移至【用 Insert 控制改写模式】复选框。

按空格键选中该复选框，然后按【Enter】。

若要打开或关闭改写模式，请按【Insert】。

字符和段落格式

—— 复制格式

若要	按
从文本复制格式。	Ctrl+Shift+C
将已复制格式应用于文本。	Ctrl+Shift+V

—— 更改字体或字号

注释　以下键盘快捷方式在阅读模式中不起作用。

若要	按
打开【字体】对话框更改字体。	Ctrl+Shift+F
增大字号。	Ctrl+Shift+>

减小字号。	Ctrl+Shift+<
逐磅增大字号。	Ctrl+]
逐磅减小字号。	Ctrl+[

—— 应用字符格式

若要	按
打开【字体】对话框更改字符格式。	Ctrl+D
更改字母大小写。	Shift+F3
将所有字母设为大写。	Ctrl+Shift+A
应用加粗格式。	Ctrl+B
应用下划线。	Ctrl+U
只给单词加下划线，不给空格加下划线。	Ctrl+Shift+W
给文字添加双下划线。	Ctrl+Shift+D
应用隐藏文字格式。	Ctrl+Shift+H
应用倾斜格式。	Ctrl+I
将所有字母设成小写。	Ctrl+Shift+K
应用下标格式（自动间距）。	Ctrl+等号
应用上标格式（自动间距）。	Ctrl+Shift+加号 (+)
删除手动设置的字符格式。	Ctrl+空格键
将所选部分更改为 Symbol 字体。	Ctrl+Shift+Q

—— 查看和复制文本格式

若要	按
显示非打印字符。	Ctrl+Shift+*（数字小键盘上的星号无效）
审阅文字格式。	Shift+F1（然后单击需审阅格式的文字）
复制格式。	Ctrl+Shift+C
粘贴格式。	Ctrl+Shift+V

—— 设置行距

若要	按
单倍行距。	Ctrl+1

双倍行距。	Ctrl+2
1.5 倍行距。	Ctrl+5
在段前添加或删除一行间距。	Ctrl+0（零）

—— 对齐段落

若要	按
在段落居中和左对齐之间切换。	Ctrl+E
在段落两端对齐和左对齐之间切换。	Ctrl+J
在段落右对齐和左对齐之间切换。	Ctrl+R
将段落左对齐。	Ctrl+L
左侧段落缩进。	Ctrl+M
取消左侧段落缩进。	Ctrl+Shift+M
创建悬挂缩进。	Ctrl+T
减小悬挂缩进量。	Ctrl+Shift+T
删除段落格式。	Ctrl+Q

—— 应用段落样式

若要	按
打开【应用样式】任务窗格。	Ctrl+Shift+S
打开【样式】任务窗格。	Alt+Ctrl+shift+S
启动【自动套用格式】。	Alt+Ctrl+K
应用【正文】样式。	Ctrl+Shift+N
应用【标题 1】样式。	Alt+Ctrl+1
应用【标题 2】样式。	Alt+Ctrl+2
应用【标题 3】样式。	Alt+Ctrl+3

若要	按
合并文档。	Alt+Shift+N
打印已合并的文档。	Alt+Shift+M
编辑邮件合并数据文档。	Alt+Shift+E
插入合并域。	Alt+Shift+F

—— 使用域

若要	按
插入【日期】域。	Alt+Shift+D
插入 ListNum 域。	Alt+Ctrl+L
插入页字段。	Alt+Shift+P
插入时间域。	Alt+Shift+T
插入空域。	Ctrl+F9
更新 Microsoft Word 源文档中链接的信息。	Ctrl+Shift+F7
更新选定的域。	F9
取消域的链接。	Ctrl+Shift+F9
在所选的域代码及其结果之间进行切换。	Shift+F9
在所有的域代码及其结果间进行切换。	Alt+F9
从显示域结果的域中运行 GotoButton 或 MacroButton。	Alt+Shift+F9
前往下一个域。	F11
定位至前一个域。	Shift+F11
锁定域。	Ctrl+F11
解除对域的锁定。	Ctrl+Shift+F11

语言栏
—— 手写识别

若要	按
在语言或键盘布局之间切换。	左 Alt+Shift
显示一个更正可选项列表。	⊞+C
打开或关闭手写。	⊞+H

若要	按
启动上下文相关【帮助】或展现格式。	Shift+F1
复制文本。	Shift+F2
更改字母大小写。	Shift+F3
重复【查找】或【定位】操作。	Shift+F4

移至最后一处更改。	Shift+F5
转至上一个窗格或框架（按 F6 后）。	Shift+F6
选择【同义词库】命令（【审阅】选项卡中的【校对】组）。	Shift+F7
减少所选内容的大小。	Shift+F8
在域代码及其结果之间进行切换。	Shift+F9
显示快捷菜单。	Shift+F10
定位至前一个域。	Shift+F11
选择【保存】命令。	Shift+F12

—— Ctrl+功能键

若要	按
展开或收起功能区。	Ctrl+F1
选择【打印预览】命令。	Ctrl+F2
剪切至【图文场】。	Ctrl+F3
关闭窗口。	Ctrl+F4
前往下一个窗口。	Ctrl+F6
插入空域。	Ctrl+F9
将文档窗口最大化。	Ctrl+F10
锁定域。	Ctrl+F11
选择【打开】命令。	Ctrl+F12

—— Ctrl+Shift+功能键

若要	按
插入【图文场】的内容。	Ctrl+Shift+F3
编辑书签。	Ctrl+Shift+F5
前往上一个窗口。	Ctrl+Shift+F6
更新 Word 2013 源文档中链接的信息。	Ctrl+Shift+F7
扩展所选内容或块。	Ctrl+Shift+F8，然后按箭头键。
取消域的链接。	Ctrl+Shift+F9
解除对域的锁定。	Ctrl+Shift+F11

选择【打印】命令。	Ctrl+Shift+F12

—— Alt+功能键

若要	按
前往下一个域。	Alt+F1
创建新的【构建基块】。	Alt+F3
退出 Word 2013。	Alt+F4
还原程序窗口大小。	Alt+F5
从打开的对话框移回文档，适用于支持此行为的对话框	Alt+F6
查找下一个拼写错误或语法错误。	Alt+F7
运行宏。	Alt+F8
在所有的域代码及其结果间进行切换。	Alt+F9
显示【选择和可见性】任务窗格。	Alt+F10
显示 Microsoft Visual Basic 代码。	Alt+F11

—— Alt+Shift+功能键

若要	按
定位至前一个域。	Alt+Shift+F1
选择【保存】命令。	Alt+Shift+F2
显示【信息检索】任务窗格。	Alt+Shift+F7
从显示域结果的域中运行 GotoButton 或 MacroButton。	Alt+Shift+F9
显示可用操作的菜单或消息。	Alt+Shift+F10
在目录容器活动时，选择该容器中的【目录】按钮。	Alt+Shift+F12

—— Ctrl+Alt+功能键

若要	按
显示 Microsoft 系统信息。	Ctrl+Alt+F1
选择【打开】命令。	Ctrl+Alt+F2

参考文献

[1] 明托. 金字塔原理2：实用训练手册[M]. 罗若苹译. 海口：南海出版公司，2013.

[2] 明托. 金字塔原理：思考、表达和解决问题的逻辑[M]. 汪洱，高愉译. 海口：南海出版公司，2013.

[3] 明红卫. 沟通技能训练[M]. 北京：机械工业出版社，2014.

[4] 廉捷. 沟通技能训练[M]. 北京：外语教学与研究出版社，2015.

[5] 陈立之. 精准表达[M]. 哈尔滨：黑龙江教育出版社，2017.

[6] 王琳，朱文浩. 结构性思维[M]. 北京：中信出版社，2016.

[7] 陈静. 职场礼仪[M]. 南昌：百花洲文艺出版社，2012.

[8] 卫蓝. 反本能[M]. 成都：天地出版社，2017.

[9] 张昱. 实用语言表达能力训练教程[M]. 武汉：华中科技大学出版社，2008.

[10] 舒雪冬. 公文写作范例大全[M]. 北京：清华大学出版社，2016.

[11] 杨月蓉. 实用汉语语法与修辞[M]. 重庆：西南师范大学出版社，1999.

[12] 中国国家标准化管理委员会. 党政机关公文格式：GB/T 9704—2012[S]. 北京：中国标准出版社，2012.

[13] 中国国家标准化管理委员会. 标点符号用法：GB/T 15834—2011[S]. 北京：中国标准出版社，2011.

[14] 中国国家标准化管理委员会. 出版物上数字用法：GB/T 15835—2011[S]. 北京：中国标准出版社，2011.

[15] 龙马高新教育. Office 2016办公应用从入门到精通[M]. 北京：北京大学出版社，2016.

[16] 李成森. 基于职业需求的高职学生语言表达能力的塑造[J]. 辽宁高职学报，2016(9).

[17] 曲智男. 画出你的世界：思维导图实战手册[M]. 北京：电子工业出版社，2010.

[18] 王习胜，张建军. 逻辑的社会功能[M]. 北京：北京大学出版社，2010.

[19] 李峰. 逻辑与语言表达[M]. 北京：中国传媒大学出版社，2013.

[20] 谭大荣. 演讲、论辩与逻辑[M]. 北京：北京大学出版社，2007.

[21] 卞诚君. 完全掌握Office 2016 高效办公[M]. 北京：机械工业出版社，2016.

[22] 德胜书坊. 最新Office 2016 高效办公三合一[M]. 北京：中国青年出版社，2017.

后 记 Postscript

　　为切实服务公司战略和业务发展，推动教育培训工作迈向"正规化、专业化、系统化"，我们依据《新华保险教材体系建设规划》，于2018年1月启动了新华保险制式培训教材的编写工作。通过"总公司整体组织，总公司教育培训部牵头实施，分公司及总公司专业部门共同参与"的教材开发机制，遵循"先纲目设计，再分组编写初稿，再集中统稿，最后总纂成稿"的科学开发流程完成了编写工作，并在公司编委会领导的全面指导、审核把关和相关部门的通力协作、全力支持下，最终成书。

　　《职场基本功》一书，通过"有效表达""公文写作"与"办公软件应用"三个章节，向职场新人介绍职场办公的相关知识和技能技巧，希望能够帮助新员工尽快具备职场基本能力，融入日常工作，实现自身价值。

　　本书由新华人寿保险股份有限公司教育培训部负责统筹定稿，广西分公司负责编写。其中，李莉负责第一章的初稿编写，聂潍负责第二章的初稿编写，罗海涛负责第三章的初稿编写。广西分公司聂潍、教育培训部王锲夫负责统稿。

　　鉴于编写经验有限、时间仓促，本书难免有疏漏之处，敬请读者谅解和批评指正。